Principios
de
Predicación

Principios
de
Predicación

Pablo A. Jiménez

ABINGDON PRESS / Nashville

ISBN 0-687-07377-4

BV
4217
.J56
2003

03 04 05 06 07 08 09 10 11 12—12 11 10 9 8 7 6 5 4 3
HECHO EN LOS ESTADOS UNIDOS DE NORTEAMÉRICA

Dedicatoria

Dedico este libro al Dr. Ronald J. Allen, profesor del *Christian Theological Seminary* en Indianapolis, Indiana. Ron fue mi consejero, maestro y amigo durante mis estudios de especialización en Nuevo Testamento y Predicación. El 20 de mayo de 1986, día de mi graduación, Ron me dijo: «Pablo, envíame una copia de tu libro de predicación—¡claro está, cuando lo escribas!»

Ron, aquí está.

Tabla de contenido

Prefacio

Nuestro Dios es un Dios que habla. Lo primero que Dios hizo —de acuerdo con lo que la Biblia nos dice— fue hablar: «Dijo Dios». Cuando el autor de Hebreos resume la acción de Dios a través de la historia de su pueblo, y de su culminación en Jesucristo, dice: «Dios, habiendo hablado muchas veces y en muchas maneras en otro tiempo a los padres por los profetas, en estos últimos días nos ha hablado por el Hijo...»

Así que cuando Dios habla, no solamente dice, sino que hace. La Palabra de Dios no es mera comunicación, mera información, mero mandato, mero mensaje. *La Palabra de Dios es Dios mismo en acción.* Es por ello que el Evangelio de Juan comienza diciéndonos que «En el principio era la Palabra [el Verbo], y la Palabra estaba con Dios y la Palabra era Dios. Esta estaba en el principio con Dios. Todas las cosas por medio de ella fueron hechas, y sin ella nada de lo que ha sido hecho fue hecho».

La Palabra es Dios mismo. Es Dios mismo en acción creadora. Siendo así, entonces lo que Dios pronuncia salta a la existencia. Por ejemplo, cuando la Palabra de Dios llama a la luz a la existencia, la luz es. De ahí la importancia de la bendición (*ben-dición*, decir bien, pronunciar bien sobre algo o alguien) y de la maldición (*mal-dición*, decir lo malo, pronunciar el mal sobre algo o alguien). La bendición no sólo dice bien, sino que hace bien. Y lo mismo es cierto, *mutatis mutandi*, de la maldición.

Por eso, decir que Dios habla es decir también que Dios actúa, que Dios crea de la nada, que Dios re-crea lo bueno de en medio de lo malo y lo corrupto. Porque Dios habla es la razón por la que los cristianos siempre le han prestado tanta atención a la Palabra de Dios. La Palabra de Dios no es el mensaje acerca del evangelio. La Palabra de Dios, el Verbo encarnado, es el mensaje mismo. El mensaje cristiano, según el Evangelio de Juan, es que la Palabra creadora de Dios se hizo carne, habitó entre nosotros, vimos su gloria, llena de gracia y de verdad; y que, a quienes la escucharon y creyeron, Dios les ha dado potestad de ser hechos hijos e hijas suyos. Una vez más, la Palabra de Dios tiene potestad para hacer de quienes creen lo que antes no eran.

¿Qué entonces de la palabra humana? Ciertamente, nuestras palabras no tienen el poder de la Palabra de Dios. Pero, puesto que somos hechos a imagen y semejanza de Dios, nuestras palabras tienen más poder de lo que muchas veces pensamos. Con demasiada frecuencia pensamos que las palabras no son sino sonidos que se lleva el viento. Pero no. Nuestras palabras también tienen el poder de construir y de destruir, de hacer y de deshacer. Santiago nos lo advierte en los primeros doce versículos del tercer capítulo de su carta, donde nos dice que la lengua es poderosa y capaz de contaminar todo el cuerpo, y que no tiene sentido que de una misma boca salgan bendiciones a Dios y maldiciones para los humanos, que están hechos a la semejanza de Dios. La palabra humana también es poderosa. Bien conocido es el caso de un niño a quien sus padres le dicen repetidamente que él es malo, y resulta ser malo; o el de la niña cuyos padres le dicen que es buena, y resulta ser buena. Nuestras palabras le dan forma a la realidad que nos rodea, la interpretan, la evalúan y, a la postre, la mejoran o la empeoran.

Entre esas dos dimensiones de la palabra se inserta la predicación. Porque la predicación, en su mejor expresión, no es otra cosa que la palabra humana puesta al servicio de la Palabra de Dios. La predicación jamás se ha de equiparar con la Palabra de Dios. Pero tampoco ha de divorciarse de ella. La predicación es una palabra humana a través de la cual la Palabra de Dios actúa, pronunciando juicio y anunciando la gracia, llamando al arrepentimiento y la conversión, creando nuevas vidas, abriendo nuevos horizontes, exhortando a la santidad, y exigiendo nuevas obediencias.

Esto, a su vez, implica que la predicación es cosa seria. Que no es simplemente cuestión de pararse detrás de un púlpito y llenar media hora de sonidos píos, de legalismos resabidos, o de elocuencia relampagueante. Quien es llamado a predicar, lo que está haciendo es ofrecer sus palabras humanas como instrumento de la Palabra de Dios. ¡Nada menos que de la misma Palabra que era desde el principio, de la Palabra que dijo «sea», y fue!

Sin embargo, al mismo tiempo la predicación tiene que ser muy humilde. Lo que hace que la predicación comunique la Palabra de Dios no es nuestra elocuencia, ni nuestra sabiduría, ni nuestra técnica homilética. Lo que hace que la predicación comunique la Palabra de Dios es la misma Palabra, que entonces hace uso de nuestros balbuceos inciertos así como de nuestros mejores esfuerzos para llevar adelante la obra de la nueva creación.

Es entre esos dos polos —la seriedad de la predicación como instrumento de la Palabra de Dios, y la predicación como disciplina humilde que se sabe siempre incapaz de alcanzar su meta por sí misma— que se inserta la disciplina de la homilética. La homilética trata de poner a nuestra disposición los mejores recursos de la retórica, de la exégesis, de la hermenéutica y de la imaginación, para que seamos capaces de predicar con seriedad, pero con seriedad humilde. La homilética, por sí misma, no nos hará buenos predicadores si antes no aprendemos también a estudiar y a conformarnos a la Palabra de Dios. Por otro lado, descuidar la homilética será señal de que probablemente no tomamos suficientemente en serio la predicación, y de que, por más que digamos o pensemos otra cosa, no le tenemos suficiente respeto a la Palabra de Dios.

Lo que ahora presentamos al público lector en lengua castellana es precisamente una introducción a la homilética. Es un libro escrito por alguien que le ha dedicado años —y sigue dedicándole muchas y constantes horas— al estudio de la ciencia homilética. Ciertamente, no conozco a otra persona que esté más al día sobre lo que se escribe y se discute en cuestiones de homilética, que el autor de este libro, el Dr. Pablo A. Jiménez. Pablo lee ávidamente y discurre apasionadamente sobre las cuestiones de la homilética; tiene años de experiencia enseñando esta disciplina, tanto en español en América Latina como en inglés en los Estados Unidos. Así que si el lector o lectora quiere de veras introducirse seriamente al campo de los estudios y las prácticas homiléticas, no hay otro recurso mejor que el que ahora damos a la luz pública. Que lea y estudie este libro quien tome la predicación en serio, y quien quiera poner a la disposición de la Palabra de Dios los mejores recursos de la palabra humana. Que lo lea y estudie quien se acerca al púlpito con temor y temblor, preguntándose cómo sus humildes palabras han de ser empleadas por el Dios soberano de todo cuanto existe.

No esperen, sin embargo, los lectores y lectoras que este libro los convertirá en predicadores de la Palabra. Este libro les ayudará a ser predicadores más fieles, a hacer mejor uso de los recursos retóricos y hermenéuticos a su disposición. Porque —en última instancia— será la Palabra de Dios, la Palabra que era desde el principio, la Palabra por quien todas las cosas fueron hechas y siguen siendo hechas, la Palabra que no es otro sino Dios, quien tomará sus palabras y les dará poder transformador y creador de nueva vida.

¡Que así sea!

Justo L. González
Decatur, GA
enero del 2003

Introducción

Todo libro tiene su historia. Éste no es la excepción. Las conferencias que originaron este manual de predicación nacieron en el año 1986. Ese año ofrecí, junto al Reverendo Domingo Ferrari, el curso entonces llamado «Principios de predicación» en el Seminario Bíblico Latinoamericano (que hoy es toda una universidad) en San José de Costa Rica. En lo fundamental, el sistema enseñado a mis estudiantes en aquel entonces apenas ha cambiado. La mayor parte de los conceptos claves presentados en este libro ya formaban parte del currículo de estudios en ese tiempo.

El manuscrito comenzó a ver la luz en 1987, cuando tuve la oportunidad de ofrecer otra vez el curso de «Principios de predicación» —esta vez yo solo— a un grupo todavía más grande de estudiantes en el mismo seminario. Las notas de mis conferencias se convirtieron en bosquejos y ensayos cortos que fueron entregados como documentos de apoyo a mis alumnos y alumnas. Desde aquel tiempo, esas notas de estudio han sido el verdadero texto de mis cursos de predicación.

La oportunidad de desarrollar los bosquejos surgió en 1989. En ese entonces, ofrecí el curso de «Homilética» en el Instituto Bíblico «Reverendo Juan Figueroa Umpierre» de la Iglesia Cristiana (Discípulos de Cristo) en Puerto Rico. Como director de la institución, una de las tareas que tenía a mi cargo era la de escoger los libros de texto para los distintos cursos. Durante aquel trimestre, en vez de asignar lecturas de algún manual de homilética establecido, me di a la tarea de convertir aquellos bosquejos en documentos mejor desarrollados que fueron duplicados y distribuidos al grupo. Fue aquí que comenzó el proceso de redacción y revisión que convirtió aquel proyecto en este libro.

El propósito de este libro es ayudar al liderazgo de la iglesia a practicar el interesante y difícil arte de la predicación cristiana. Por lo tanto, mi aspiración es que este manual sirva como libro de texto para los cursos introductorios de homilética que se imparten en institutos, colegios bíblicos y seminarios.

El libro se divide en dos secciones principales. En la primera de ellas, se discuten los aspectos teóricos en los primeros tres capítulos del libro. El primero, además de presentar un resumen de las bases teológicas de la predicación cristiana, también define varios de los conceptos básicos empleados en las distintas partes del libro. El segundo capítulo explica el proceso por medio del cual los seres humanos nos comunicamos con los demás y discute la importancia de la integridad y la transparencia en la predicación. El tercer capítulo afirma que la predicación ocurre en el contexto de la iglesia y explora la manera en que ese contexto eclesial moldea tanto al sermón como a la persona que lo predica.

La segunda parte del libro discute los aspectos prácticos de la predicación cristiana. En el cuarto capítulo, se presenta un elaborado sistema de interpretación bíblica llamado "Los tres pasos". El quinto y el sexto discuten los rudimentos y el bosquejo del sermón, respectivamente. A partir del séptimo y hasta el décimo capítulo los dedicamos a la discusión de cuatro tipos de sermones: el expositivo, el narrativo, el temático y el de ocasión. Los sermones incluidos en el apéndice ilustran estas formas homiléticas. El libro termina con un capítulo sobre la presentación del sermón y la evaluación de la predicación.

Al final de cada capítulo, sugerimos tareas que el estudiantado puede llevar a cabo. Tanto quien lea este libro como parte de un curso de estudios como quien lo lea para aprender la disciplina por sí misma obtendrá provecho al hacer estas tareas. También, al final de cada capítulo, sugerimos lecturas que pueden ayudarle a profundizar en el estudio del tema. Este libro puede usarse en unión a otros manuales de homilética sin mayor problema. Al final de esta introducción, sugerimos cuatro excelentes introducciones al arte cristiano de la predicación.

Son muchas las personas que han contribuido al nacimiento de este libro y a las que queremos agradecer: profesores como Samuel Pagán, mentores como Justo L. González, estudiantes como Julio Murray, compañeros en el ministerio como Juan José Pérez Aldá; y congregaciones como la Iglesia Cristiana (Discípulos de Cristo) en Sonadora, Puerto Rico, han contribuido en la formación de este manual.

De forma especial, le damos gracias a la Asociación para la Educación Teológica Hispana (AETH); a su directora ejecutiva, Norma Ramírez; y a su presidenta, Esther Díaz-Bolet, por publicar este libro. También deseo agradecer la colaboración del Dr. Roberto A. Rivera, quien leyó el manuscrito detenidamente e hizo importantes aportaciones al mismo.

Finalmente, a continuación le ofrecemos una lista de lecturas y materiales de apoyo que puede utilizar para complementar el estudio de este libro.

Lecturas sugeridas

Arrastía, Cecilio. *Teoría y práctica de la predicación*. Miami: Editorial Caribe, 1978.

Costas, Orlando E. *Comunicación por medio de la predicación*. Miami: Editorial Caribe, 1973.

Mergal, Ángel M. *El arte cristiano de la predicación*. México: Casa Unida de Publicaciones, 1951.

Mottesi, Osvaldo L. *Predicación y misión: Una perspectiva pastoral*. Miami: Logoi, 1989.

Vídeo educativo

Jiménez, Pablo A. *Principios de predicación*. Indianapolis: Communication Ministries, 2001. (Puede ordenarlo escribiendo a la Oficina Pastoral Central para Ministerios Hispanos, P.O. Box 1986, Indianapolis, IN 46206.)

Aspectos teóricos

1. La predicación es palabra de Dios

$\mathcal{P}$or qué debemos predicar el evangelio? ¿Qué ocurre cuando una persona predica el mensaje cristiano? ¿Acaso la presencia de Jesucristo se manifiesta cuando una persona predica en el contexto de un servicio de adoración? ¿Cómo? Preguntas como éstas, y otras más, nos obligan a pensar teológicamente sobre el arte de la predicación cristiana.

En este capítulo, estudiaremos algunos de los aspectos teológicos relacionados con la predicación cristiana. Primero, definiremos conceptos básicos relacionados al arte de la proclamación del evangelio. En seguida, bosquejaremos los aspectos básicos que toca la teología de la predicación. Y finalmente, exploraremos el importante papel que juega el Espíritu Santo en la predicación cristiana.

I. Definiciones

Podemos definir la predicación del evangelio como la interpretación teológica de la vida. La *predicación*, entonces, es una tarea interdisciplinaria donde el estudio y la interpretación de la Biblia se encuentran con la teología sistemática, la historia de la iglesia, la educación cristiana, el consejo pastoral y la oratoria. Así pues, la predicación es un ejercicio de integración teológica y pastoral.

La *homilética* es el estudio académico de los diversos aspectos del arte de la predicación. En primer lugar, se ocupa del problema hermenéutico, estudiando los principios que se emplean para comentar la Biblia e interpretar su mensaje. Segundo, estudia el proceso de la preparación del sermón. Tercero, analiza la relación que se da entre el sermón y la adoración cristiana. Cuarto, estudia el impacto de la predicación en la congregación.

El Nuevo Testamento emplea diversos términos para referirse a la predicación del evangelio. Uno de esos términos es el verbo griego *kerysso*, que significa «proclamar» o «anunciar». Este verbo describe la acción de un mensajero o heraldo que es enviado a propagar una noticia o un mensaje. Por lo regular, la palabra *kerysso* se traduce al español como proclamación.

La *proclamación* describe la acción de comunicar el evangelio de Jesucristo. La proclamación puede ser tanto verbal como noverbal. Por ejemplo, la predicación es una forma de comunicar el evangelio por medio de palabras. Sin embargo, el acto del bautismo también es una forma de comunicar el evangelio, pero por medio de un acto simbólico.

Otro término importante, que también está relacionado a la proclamación, es la palabra *kerygma*. Muchos manuales de interpretación bíblica emplean esta palabra como un término técnico que se refiere al mensaje central de la fe cristiana. Por ejemplo, algunos eruditos han estudiado los discursos y sermones que aparecen en los Hechos de los Apóstoles, buscando el mensaje central, o *kerygma*, que proclamaba la iglesia primitiva. Sin embargo, debemos reconocer que esta palabra también se emplea en otras ocasiones como un sinónimo de términos como *proclamación* y *evangelio*.

Otro término técnico que aparece una y otra vez en los manuales de predicación es *exégesis*. La exégesis es el proceso por medio del cual una persona estudia, explica o interpreta un documento. Aunque la exégesis también se usa en otras disciplinas académicas, como en el estudio de las leyes, se aplica de manera particular al estudio de la Biblia. La palabra exégesis proviene de dos palabras griegas que, combinadas, quieren decir «sacar de». En este sentido, podemos decir que la exégesis es el proceso mediante el cual una persona extrae el mensaje que contiene un determinado pasaje bíblico.

La palabra *hermenéutica* es otro término técnico relacionado con el concepto *exégesis*. La hermenéutica es la teoría de la interpretación de textos, documentos e incluso de símbolos. Muchas disciplinas académicas, entre ellas la filosofía, usan principios hermenéuticos. Por esta razón, los libros de predicación prefieren usar la frase *hermenéutica bíblica* para dejar claro que se refieren al estudio de las teorías sobre la interpretación de las Sagradas Escrituras. La hermenéutica estudia todo el proceso interpretativo, desde la determinación del sentido original del texto (exégesis) hasta la exposición de su mensaje por medio de la enseñanza o la predicación. De este modo, podemos afirmar que la exégesis es un paso o una etapa dentro del proceso hermenéutico.

Aquí queremos ofrecer una breve definición del concepto *sermón*. Un sermón, entonces, es un discurso que expone o proclama el mensaje del evangelio de Jesucristo. El sermón es un «evento» que ocurre cuando alguien proclama el mensaje cristiano ante una audiencia en el contexto de la adoración cristiana. A veces, las personas que predicamos llamamos sermón al bosquejo o al manuscrito que usamos para predicar ante la congregación. Sin embargo, esto es un error, porque un sermón es mucho más que meras palabras escritas en un papel. El sermón es una exposición del evangelio de Cristo Jesús ante un grupo de personas que adoran a Dios y que desean crecer espiritualmente.

Como veremos más adelante, existen diferentes tipos de sermones, ya que se clasifican de acuerdo a su propósito o a su forma. La *homilía* es quizás la forma sermonaria más conocida de todas. Una homilía es un sermón corto —de cinco a diez minutos de duración— que explica o comenta una porción bíblica versículo por versículo. Sin embargo, debemos reconocer que algunos libros de predicación usan la palabra *homilía* como sinónimo de *sermón*.

II. Hacia una teología de la predicación

En esta sección, queremos presentar algunos de los puntos básicos que debemos tener en cuenta a la hora de pensar en la teología de la predicación. Comenzaremos con la revelación divina, pasaremos al concepto de evangelio, describiremos la condición humana y resaltaremos la importancia de la santificación para la vida del creyente. Terminaremos esta sección indicando algunos de los énfasis teológicos que caracterizan a la predicación en diferentes tradiciones cristianas.

La fe cristiana afirma que Dios se ha revelado a la humanidad de varias maneras diferentes. En primer lugar, Dios se ha revelado en la historia humana por medio de la creación, de la elección del pueblo de Israel y de su constante actividad en el mundo. Segundo, Dios se ha revelado en la persona histórica de Jesús de Nazaret, a quien la comunidad cristiana confiesa como Señor y Salvador del mundo. La historia de Israel se empalma con la historia de la iglesia por medio de Jesús, a quien los cristianos confesamos como el Mesías que fue prometido en el Antiguo Testamento para la salvación de toda la humanidad. En tercer lugar, Dios se revela a través de la Biblia, que nos explica la manera en que Dios se ha revelado al mundo y que abarca tanto la historia de Israel como el testimonio de la iglesia primitiva sobre Jesucristo. En este sentido, podemos afirmar que la Biblia es «revelación divina», ya que por su medio conocemos los portentosos actos que Dios ha hecho en beneficio de la humanidad.

Otra forma de comprender la revelación divina es por medio del concepto «palabra de Dios». El Antiguo Testamento afirma que Dios usó la palabra para crear el mundo; también afirma que Dios reveló su palabra a la humanidad por medio de la ley de Moisés y del ministerio de los profetas. El Nuevo Testamento, particularmente el Evangelio de Juan, presenta a Jesucristo como la palabra de Dios hecha carne. De acuerdo con esto, entonces podemos decir que la Biblia es «palabra de Dios» porque da fe y testimonio de la palabra divina revelada a Israel y encarnada en la persona de Jesucristo.

De la misma manera podemos decir que la predicación cristiana es «palabra de Dios» porque expone el mensaje del evangelio revelado por medio de las Sagradas Escrituras. En este sentido, la relación entre la predicación y la Biblia es similar a la relación entre Jesucristo y la Biblia. Las Sagradas Escrituras son «palabra de Dios» porque dan testimonio de Jesucristo, quien es la palabra definitiva de Dios para la humanidad. De la misma forma, entonces, la predicación cristiana también es «palabra de Dios» pero siempre y cuando dé testimonio de Jesucristo según ha sido registrado por el documento bíblico.

El Nuevo Testamento llama al mensaje cristiano *evangelio*. Esta palabra proviene de un vocablo griego que quiere decir «buena noticia». En su origen, el verbo griego que traducimos por la palabra *evangelizar* se usaba para anunciar la visita del rey a alguna parte de su reino. Así que, desde el punto de vista cristiano, evangelizar es anunciar que Dios ha «visitado» a la humanidad en la persona de Jesucristo. Entonces, evangelizar es anunciar la llegada del reino de Dios; es anunciar que Dios desea relacionarse con la humanidad, salvándola y liberándola de la esclavitud del pecado y de la muerte. El evangelio es el anuncio de la buena noticia de que el Dios de la vida desea que la humanidad «no se pierda, sino que tenga vida eterna» (Jn. 3:16).

La humanidad necesita escuchar y aceptar el mensaje del evangelio porque vive en una condición pecaminosa. Los seres humanos, a pesar de haber sido creados para vivir en comunión con Dios, hemos caído en una triste condición de pecado. Más que hechos aislados, el pecado es una fuerza espiritual que lleva al ser humano a alejarse de Dios. El pecado nos coloca bajo el poder destructivo de las fuerzas de la maldad y de la muerte. Por eso, la persona que vive lejos de Dios tiende a destruirse a sí misma, tiende a hacerle daño al resto de la humanidad, tiende a dañar a la creación y hasta puede llegar a hacerles daño a las personas que más ama.

La predicación del evangelio anuncia que, por medio de la obra salvífica de Jesucristo, los seres humanos hemos sido liberados del poder destructor de las fuerzas del mal, del pecado y de la muerte. Por lo tanto, podemos afirmar que el anuncio de la gracia de Dios debe ser precedido por una clara explicación de la condición humana. Se hace necesario denunciar el pecado para así exponer la gracia de Dios plenamente. La denuncia y la condena del pecado es el paso preliminar en el camino que nos llevará a disfrutar de la gracia de Dios.

Ahora bien, la tarea del predicador o de la predicadora no termina cuando una persona renuncia a la vida de pecado y acepta la gracia de Dios. Después de aceptar el mensaje del evangelio, cada creyente debe entrar en un proceso de crecimiento en la fe. Esto quiere decir que, en unión a su carácter evangelizador, la predicación cristiana tiene una tarea educativa que cumplir. La predicación es una de las herramientas que la iglesia cristiana usa para educar teológicamente a las personas que han creído en Jesucristo.

La predicación nos ayuda a conocer a Dios, a conocer los atributos de Dios, a comprender cómo se relaciona Dios con la humanidad, a evitar las cosas que son desagradables a Dios y a actuar como creyentes responsables en el mundo. En términos teológicos, podemos decir que el crecimiento en la fe nos lleva a entrar en un proceso de santificación y consagración a Dios.

Del mismo modo, la iglesia cristiana usa la predicación como una herramienta para ofrecer cuidado y apoyo a las personas que pasan por momentos de crisis. La predicación tiene, pues, un carácter pastoral. Los pastores y las pastoras, entonces, predican sermones en momentos claves de la vida de sus feligreses, ya sea en la alegría de una boda o en el dolor de un funeral.

Sin importar cuál sea el carácter del sermón —evangelístico, profético, educativo o pastoral— la iglesia afirma que la presencia de Dios se manifiesta por medio de la predicación. Todo comienza cuando Dios llama a una persona madura en la fe a proclamar el mensaje cristiano; y es esencial que el predicador y la predicadora se sientan llamados por Dios al ministerio de la predicación. De la misma forma, la presencia de Dios se manifiesta durante el proceso de la preparación del sermón: Se manifiesta tanto durante el tiempo que se dedica a la preparación espiritual por medio de la oración y la meditación como durante el tiempo que se dedica a la preparación académica, estudiando el tema e interpretando la Biblia. La presencia de Dios también se manifiesta durante el momento cuando se expone el sermón ante la congregación y cuando alguna persona comprende que Dios le está hablando por medio del sermón. Finalmente, la presencia de Dios se manifiesta incluso después del servicio de adoración, cuando una nueva situación o experiencia puede llevarnos a recordar y a comprender el mensaje de un sermón que escuchamos tiempo atrás.

Las diferentes tradiciones cristianas combinan estos principios teológicos básicos de diversas maneras, desarrollando así diversas «teologías de la predicación». Por ejemplo:

- La teología luterana dice que todo sermón debe primero explicar la condición pecaminosa del ser humano (es decir, exponer la «ley» de Dios) y luego presentar la gracia liberadora del evangelio de Jesucristo como la solución al dilema humano. En esta tradición, la predicación es la exposición de la ley, ya que ésta quebranta la conciencia, y la proclamación del evangelio que salva al ser humano.

• Las iglesias de tradición reformada y presbiteriana recalcan el carácter educativo de la ley de Dios y, por lo tanto, del sermón cristiano. Karl Barth, uno de los teólogos reformados más importantes en la historia de la iglesia contemporánea, afirmaba que la predicación es al mismo tiempo «palabra de Dios» y «palabra humana», una paradoja que produce una tensión constante e ineludible. (Como ya lo habrá percibido por los títulos de los dos primeros capítulos de este libro, la teología de Barth ha influido en nuestra manera de entender la predicación.)

• Las teologías metodistas, nazarenas y pentecostales recalcan que la predicación debe conducir al creyente hacia la santificación y la consagración.

• La teología evangélica ve la predicación como la exposición de las Escrituras con el propósito de llevar a cada persona a tener un encuentro personal con Cristo.

• Otras teologías contemporáneas entienden la predicación como el anuncio de la salvación integral que ofrece el evangelio. El adjetivo *integral* implica que la salvación se extiende a todas las áreas de la vida, incluyendo la política, la economía, el orden social, la opresión a los grupos minoritarios y la discriminación contra la mujer.

Todos estos acercamientos teológicos al arte de la predicación cristiana recalcan algún aspecto importante para la iglesia cristiana. Por esta razón, el estudio de las diversas teologías de la predicación enriquecerá al creyente que desea proclamar el evangelio de Jesucristo.

III. El rol del Espíritu Santo

Es imposible estudiar la teología de la predicación sin considerar el importante papel que juega el Espíritu Santo de Dios en el proceso homilético. Aunque algunas tradiciones cristianas recalcan la presencia del Espíritu de Dios más que otras, todas afirman que la predicación emana del Espíritu Santo. Veamos, pues, algunos de estos puntos en común.

En primer lugar, el Nuevo Testamento afirma el carácter carismático de la predicación. En griego, la palabra *carisma* quiere decir «don» o «regalo». El apóstol Pablo afirma en tres de sus cartas que el Espíritu Santo da carismas, o dones, a los creyentes (Ro. 12:3-8, 1 Co. 12, 14 y Ef. 4:11-16), particularmente a quienes alcanzan madurez en la fe. Los expertos piensan que ciertos dones enumerados en estas listas —como la sabiduría, la profecía y la evangelización— están ligados al ministerio de la predicación cristiana. De cualquier manera, queda claro que los dones espirituales capacitan a la persona cristiana para ocupar posiciones de liderazgo en la iglesia.

En segundo lugar, parte integral del ministerio del Espíritu Santo es capacitar al creyente para discernir la verdad. Éste es uno de los puntos principales de la doctrina sobre el Espíritu Santo en el Evangelio según San Juan. Juan llama al Espíritu Santo «Espíritu de verdad» en dos ocasiones (Jn. 14:17 y 16:13). En este último pasaje, se afirma que parte del ministerio del Espíritu es guiar al creyente a «toda la verdad».

Tercero, la Biblia afirma que el Espíritu Santo actúa en la persona que escucha el mensaje cristiano. Es la acción del Espíritu lo que permite a dicha persona comprender que vive en una condición de pecado y que solamente la gracia de Dios puede ayudarle a escapar de la esfera de poder de las fuerzas del mal, del pecado y de la muerte. Esta idea se encuentra en Jn. 16:8-11, que presenta al Espíritu Santo como el encargado de convencer a los seres humanos de su propio pecado, de la justicia divina y de la realidad del juicio divino que algún día todos tendremos que enfrentar.

En cuarto lugar, otro aspecto del ministerio del Espíritu Santo es la santificación. Como se indica en el capítulo 8 de la Epístola a los Romanos, Dios capacita al creyente para vivir en el poder del Espíritu. Quien vive en el Espíritu logra resistir los ataques de las fuerzas del mal, del pecado y de la muerte. También puede combatir los malos deseos que lo llevan a vivir «conforme a la carne», esto es, a vivir de acuerdo con los propios criterios sin tomar en cuenta a Dios. El Espíritu Santo, pues, nos capacita para vivir en santidad.

En resumen, como escribiera el apóstol Pablo: «Nadie puede exclamar: '¡Jesús es el Señor!', sino por el Espíritu Santo» (1 Cor. 12:3). Por lo tanto, el Espíritu de Dios juega un papel crucial en la predicación cristiana dado que su ministerio es revelar la continua presencia de Cristo a la humanidad perdida.

IV. *Conclusión*

El propósito principal de la predicación cristiana es ofrecer una interpretación teológica de la vida. La predicación invita a la humanidad a vivir en comunión con Dios, con los demás y con el resto de la creación.

Dicho lo anterior, podemos afirmar que el propósito principal de la predicación en las comunidades hispanas en los Estados Unidos es proveer una interpretación teológica de la experiencia del pueblo latino que vive en este país. La predicación hispana no se limita a explicar los rudimentos de la fe cristiana, sino que explora temas que son pertinentes para nuestro pueblo, como la identidad cultural de la comunidad latina; los problemas sociales que afectan a nuestro pueblo, como la inmigración, la pobreza, la criminalidad y la violencia doméstica; las manifestaciones sociales del mal, como el racismo, el sexismo, y la explotación económica; y, finalmente, las herramientas espirituales y humanas que puede usar la comunidad hispana para luchar por la vida: la fe, la esperanza, la solidaridad y la organización social. Lo mismo podría decirse para cualquier otro lugar del mundo, ya que la predicación siempre debe ser contextual. Es decir, la predicación es una herramienta que las iglesias cristianas deben usar para responder e interpretar teológicamente la situación, las necesidades y los problemas que afectan a las comunidades donde llevan a cabo sus respectivos ministerios.

Tareas sugeridas

1. Investigue si su iglesia o denominación tiene documentos que aborden el tema de la teología de la predicación. Léalos y compárelos con lo presentado en este capítulo.
2. Vaya a alguna biblioteca teológica y estudie lo escrito por Martín Lutero sobre el tema de la teología de la predicación.

Lecturas sugeridas

Barth, Karl. *La proclamación del evangelio*. Salamanca: Ediciones Sígueme, 1969.

Costas, Orlando E., editor. *Predicación evangélica y teología hispana*. San Diego: Editorial Las Américas, 1982.

Ruuth, Anders. «Hacia una teología de la predicación», en *Pastores del pueblo de Dios en América Latina*, editado por Emilio Castro. Buenos Aires: Editorial La Aurora, 1973, pp. 69–106.

2. La predicación es palabra humana

$\mathcal{E}$n el capítulo anterior, afirmamos que la predicación cristiana es «palabra de Dios» ya que da testimonio sobre Jesucristo, la palabra de Dios hecha carne. En este capítulo, afirmamos que, al mismo tiempo, la predicación es palabra humana. Es decir, la predicación es un proceso de comunicación mediante el cual una persona comparte un mensaje con una audiencia en un evento público.

Esta última declaración nos confronta con la siguiente paradoja: que la predicación es una actividad tanto divina como humana. Por un lado, la persona que desea predicar puede confiar en que el Espíritu Santo de Dios le guiará para ofrecer un mensaje inspirador que edifique a su iglesia. Por otro lado, dicha persona sabe que preparar un sermón es una tarea ardua que requiere estudio, investigación, dedicación, pericia y práctica.

Una de las áreas que el predicador y la predicadora deben estudiar es la comunicación humana. Es decir, debemos estudiar el proceso mediante el cual una persona le transmite un mensaje a otra. Así que en este capítulo, estudiaremos algunos de los aspectos que se presentan durante el proceso comunicativo que ocurre en la predicación. En primer lugar, presentaremos un resumen sencillo sobre lo que es el proceso comunicativo. En la segunda parte, exploraremos en qué consiste escuchar y cuáles son los elementos que entorpecen la comunicación. Al final, veremos la importancia que tiene la transparencia del predicador para la comunicación cristiana.

I. El proceso comunicativo

Se dice que la comunicación es un proceso dado, que es una actividad que se desarrolla en el tiempo y en un medio que cambia de manera continua. Podemos resumir el proceso comunicativo de la siguiente manera: La comunicación ocurre cuando alguien dice algo de una cierta manera a alguien más y con un propósito. El «alguien» es el *emisor*, el «algo» es el *mensaje*, el «de una cierta manera» es el *medio* o el *canal*, el «alguien más» es el *receptor* y el «propósito» es la razón para comunicarse en primer lugar. Por lo tanto, la comunicación es un proceso intencional en el que una persona hace todo lo posible para transmitir un mensaje con claridad.

Consideremos, a manera de ejemplo, el proceso comunicativo que ocurre cuando una persona hace una llamada telefónica. José llama a María para invitarla a cenar. En este ejemplo, José es el emisor, la invitación es el mensaje, el medio es el teléfono, María es la receptora y la cena es el propósito.

Teniendo claro los elementos básicos, pasemos a considerar uno de los elementos claves de la comunicación humana: la «codificación» del mensaje.

Para poder transmitir un mensaje por un medio dado, es necesario «codificar» el mensaje en una forma compatible con el medio. Es decir, es necesario poner el mensaje en un formato que pueda ser transmitido de manera eficiente por el canal o el medio elegido. Un código es un grupo de símbolos colocados de forma tal que tienen sentido para otras personas. El ejemplo de la llamada telefónica nos provee dos ejemplos de codificación. El primer «código» que da forma al mensaje es el lenguaje. Es decir, el mensaje debe expresarse en un idioma que tanto el emisor como el receptor puedan comprender. El segundo «código» que da forma al mensaje se encuentra en el teléfono mismo, ya que éste convierte la voz humana en una serie de impulsos eléctricos.

Para que un mensaje pueda ser transmitido, el emisor debe «codificarlo». Es decir, debe buscar palabras, señales o símbolos que les permitan a los otros comprender su mensaje. Del mismo modo, el receptor debe descifrar el mensaje. La comunicación ideal ocurre cuando el receptor descifra el mensaje en forma adecuada. Volviendo a nuestro ejemplo, de nada le valdría a José hablarle en francés o portugués a María si ella no conoce dichos idiomas. Tampoco serviría de mucho si José usa expresiones idiomáticas que María no puede comprender, un problema que surge cuando personas de distintos países de habla hispana tratan de entablar una conversación. El proceso de comunicación también se entorpece cuando una de las partes usa un vocabulario técnico que la otra persona no conoce, como cuando una doctora en medicina trata de explicar una enfermedad usando términos científicos que el paciente ignora.

Después que el receptor descifra el mensaje, tiene que interpretarlo. El mero acto de escuchar un mensaje no quiere decir que las partes se hayan comunicado. Aquí entra en juego el uso de la «hermenéutica», que ya definimos en el capítulo anterior. Todo mensaje está sujeto a un proceso hermenéutico, o interpretativo. Para ilustrar este punto, continuemos con el ejemplo de la llamada telefónica. Supongamos que la llamada no presentó problemas técnicos y que, efectivamente, José invitó a María a cenar. Ahora María tiene que tratar de interpretar cuál es el propósito de la invitación. ¿Será acaso una cena amistosa? ¿Romántica? ¿De negocios? ¿Familiar? Antes de responder, María tiene que interpretar el propósito de la invitación.

Como todos sabemos, en ocasiones la comunicación humana enfrenta dificultades. El término técnico para referirse a los elementos que entorpecen la comunicación es *ruido*. El ruido puede ocurrir en distintas partes del proceso comunicativo, y esto entorpece la elaboración del mensaje, la codificación, la decodificación o la respuesta. En ocasiones, el ruido es causado por elementos técnicos, como cuando la estática nos impide escuchar un mensaje telefónico. En otras ocasiones, el ruido es ambiental, pues hay elementos que impiden que una persona escuche a otra. Incluso, en otras ocasiones, el ruido puede estar en el mensaje mismo, ya sea porque el mensaje es confuso o porque el receptor no puede comprender el propósito del mismo. Por lo tanto, debemos tratar de minimizar o eliminar el ruido que pueda entorpecer nuestros esfuerzos para comunicarnos con los demás.

Un elemento crucial que hemos dejado para el final es la respuesta del receptor al mensaje recibido. El término técnico para referirse a esta respuesta es *retroalimentación* (aunque algunas personas prefieren usar la palabra inglesa *feedback*). La persona que escucha, recibe e interpreta un mensaje siempre responderá a éste de alguna manera. Ya sea que se quede callada, que haga un gesto o que pronuncie un discurso, el receptor siempre responderá al mensaje del emisor.

Al hablar de los gestos, entramos al tema de la comunicación no-verbal. Éste es un tema amplio que no podemos comentar con profundidad en este sencillo manual. Baste con indicar que los seres humanos podemos comunicarnos tanto de manera verbal como de manera no-verbal. Por ejemplo, tanto decir «te quiero» como un beso tierno pueden comunicar los sentimientos de una persona hacia otra. La frase comunica los sentimientos con palabras, el beso con un gesto.

Muchos manuales sobre el tema de la comunicación humana terminan la descripción del proceso comunicativo en este punto, así presentando un proceso lineal de comunicación. Sin embargo, otros manuales van más allá, recordándonos que el proceso comunicativo es en realidad circular. Con esto queremos decir que la respuesta que un receptor da al mensaje recibido a su vez lo convierte en «emisor» de un nuevo mensaje. Así que el proceso comunicativo vuelve a empezar. El receptor tiene que pensar su respuesta, codificarla y transmitirla, tratando de evitar los ruidos que puedan distorsionar su mensaje. El emisor original tiene que descifrar la respuesta, interpretarla y preparar entonces su propia respuesta. En este sentido, cuando dos personas hablan cara a cara, terminan intercambiando roles, ya que el emisor se convierte en receptor y viceversa.

El movimiento circular de la comunicación humana nos lleva necesariamente a una pregunta: ¿Quién es el emisor en este proceso comunicativo que llamamos predicación? ¿Acaso es el predicador o la predicadora? O, por el contrario, ¿será la congregación?

Algunos manuales de predicación afirman que la persona que predica un sermón es el «emisor» del mensaje cristiano. Afirman que el predicador o la predicadora es quien codifica el evangelio de manera que la congregación pueda comprenderlo. La congregación responde al mensaje tanto con sus palabras como con sus gestos, sus actitudes y su conducta. Así que quien predica debe aprender a «leer» las respuestas verbales y no-verbales de su congregación. De acuerdo con en este esquema, entonces, quien predica en un servicio de adoración es el «emisor», y la congregación que escucha el sermón se convierta en «receptor».

Otra alternativa nos recuerda que el pastor o la pastora predica porque hay feligreses que asisten a la iglesia. De hecho, podemos argumentar que las personas que visitan ocasionalmente o que asisten regularmente a la iglesia son quienes inician el proceso comunicativo. Su presencia comunica el deseo que tienen de escuchar un sermón como parte de un servicio de adoración. En este esquema, el sermón es principalmente la respuesta al mensaje que transmiten los feligreses que se congregan para adorar a Dios.

Otra respuesta posible es que la iglesia misma es quien emite el mensaje cristiano. Este punto de vista nos recuerda que la iglesia es la «emisora» que llama, comisiona y ordena a las personas que desarrollan las funciones ministeriales. Todos los grupos cristianos llevan a cabo actividades donde exhortan a sus feligreses a responder al llamado para ser pastoras o pastores. Luego, la iglesia o denominación considera las habilidades del candidato, le provee educación teológica y le examina para determinar si es apto para servir como ministro del evangelio. En este esquema, la persona predica en respuesta al llamado que Dios le hace y le confirma por medio de la iglesia.

Una respuesta más es que el verdadero «emisor» del mensaje cristiano es Dios mismo. Quizás ésta sea la posición más correcta desde el punto de vista bíblico. Dios es quien ha dado el primer paso, comunicando su deseo de relacionarse con la humanidad. La iglesia nace como una respuesta al mensaje del evangelio. Las personas que predican lo hacen en respuesta al llamado divino. La gente se reúne a adorar en respuesta a las muchas bondades que Dios les muestra en su vida diaria. En este esquema, Dios es el «emisor» por excelencia del mensaje del evangelio.

Terminamos esta sección aclarando que los elementos que hemos separado tan claramente en esta teoría (mensaje, emisor, código, medio, receptor, decodificación, respuesta y ruido) no son tan fáciles de distinguir en la experiencia humana. Lo que la teoría separa con claridad no se puede separar tan fácilmente en la práctica. Los seres humanos experimentamos, pues, la comunicación humana como un «evento», no como un proceso fragmentado.

II. ¿Qué significa escuchar?

Como todos sabemos, oír y escuchar son dos actividades distintas. Oír es un fenómeno físico, pues significa que una persona ha percibido un sonido aunque no haya podido interpretarlo. Por su parte, escuchar significa que el sonido no solamente se ha oído sino que también ha sido debidamente interpretado.

Cualquier persona que tenga niños pequeños o adolescentes en su hogar puede dar cátedra de la diferencia entre oír y escuchar. La madre dice: «Andrea, apaga el televisor y ven a comer». La niña contesta: «¿Mande?», «¡Ya voy!» o «¿Qué?» Cinco minutos después, la comida se enfría mientras la joven continúa pegada al televisor. Entonces la madre molesta camina hasta la sala y le pregunta a su hija: «¿Qué estás esperando?» La joven mira a su madre perpleja y le pregunta: «¿Tú me llamaste?» Evidentemente la joven oyó la voz de su madre, pero no escuchó su mensaje.

El ejemplo anterior nos hace ver el hecho de que aunque una persona esté al alcance del sonido de nuestra voz, esto no garantiza que nos esté escuchando. Por el contrario, la teoría de la comunicación nos enseña que los seres humanos podemos mantener nuestra atención fija en algo por espacios limitados de tiempo. En promedio, podemos estimar que la mayor parte de las personas puede prestarle atención a algo o a alguien por espacio de cuatro a ocho minutos, contando que algunas se distraen cada minuto y otras pueden concentrarse por espacios de quince a veinte minutos.

Toda persona que habla frente a un grupo debe tener presente que los oyentes van a distraerse en algún punto durante su discurso. Del mismo modo, debe saber que mientras más largo sea el discurso, mayor será la distracción. Por eso, cuando hablamos, se hace necesario usar frases llamativas, historias, anécdotas y otros recursos para mantener la atención de la audiencia. También debemos resumir periódicamente los puntos principales de la presentación, de manera que aquellas personas que se han distraído puedan retomar el hilo de nuestro argumento.

Otro elemento importante que se debe tomar en cuenta es que nadie interpreta un mensaje de manera exacta. Es imposible lograr que otra persona comprenda absolutamente todo lo que decimos o por qué lo decimos. Esto se debe a que cada persona «descifra» un mensaje dado de una manera un poco distinta a otra. Las experiencias, la educación, y otros elementos hacen que cada persona interprete los mensajes de manera diferente.

Por ejemplo, en una ocasión les pedí a mis estudiantes que imaginaran a Jesús de Nazaret predicando el Sermón del Monte. Les pedí que trataran de ver la escena con los ojos de la imaginación. Después de unos segundos, les solicité que describieran el monte. Finalmente, les insté a decirme si el monte que imaginaron se parecía a alguno que habían visto en algún momento de su vida. Cada cual pudo indicar claramente cuál era el «monte» que veían. Excepto por una persona que había tenido el privilegio de viajar a Israel, todas las demás dijeron que su «monte» se parecía a alguno de los montes que rodeaban un lugar donde habían vivido. En este ejercicio, cada persona imaginó un «monte» distinto. Podríamos decir lo mismo de la forma y manera en que la gente interpreta los conceptos que podamos usar en nuestra predicación. ¿Qué es la paz? ¿La justicia? ¿El pecado? ¿El perdón? Cada persona tendrá una idea un tanto distinta de cada uno de estos conceptos.

Si aplicáramos estas ideas al arte cristiano de la predicación, podríamos afirmar que cada feligrés escucha «su propio sermón», porque todos interpretan uno u otro elemento de forma diferente. También podríamos decir que cada persona va a darle mayor importancia a elementos diferentes dentro del sermón. Por ejemplo, una persona que escucha un sermón sobre uno de los milagros de Jesús puede responder con fe, maravillada por el poder divino. Otra bien puede responder con sarcasmo, pensando que las historias de milagros son fábulas o cuentos de hadas. Incluso otra puede responder con una oración, pidiéndole a Dios que sane a un ser querido. Cada quien, entonces, escucha «su propio sermón».

III. La transparencia en el púlpito

Volvamos por un momento a la idea de que existen dos tipos básicos de comunicación: la verbal y la no-verbal. Todos los seres humanos usamos palabras y gestos para comunicarnos con los demás. Al hablar, es común usar códigos verbales y no-verbales al mismo tiempo. Por lo regular, acompañamos nuestras palabras con gestos que refuerzan nuestros mensajes verbales.

Sin embargo, hay ocasiones cuando nuestras palabras no concuerdan con nuestros gestos. Por ejemplo, cuando alguien nos pregunta: «¿Cómo estás?», aunque en realidad nos sintamos mal, no tenemos la suficiente confianza para confesarle tal cosa a un extraño. Por esta razón, respondemos: «Muy bien», aunque nuestra postura y el tono de nuestra voz demuestren lo contrario.

La discrepancia entre gestos y palabras es un «ruido», ya que entorpece el proceso comunicativo. De hecho, éste es quizás el «ruido» más fuerte que podemos experimentar en el púlpito. Baste recordar las veces que hemos visto predicadores o predicadoras hablando sobre el amor de Dios con rostros que muestran enojo, que proclaman el juicio de Dios en un tono alegre, o que ríen abiertamente cuando sus palabras piden solemnidad. Pocas cosas destruyen tanto un sermón como el «ruido» de la discrepancia entre el sentido y el tono de nuestras palabras.

Así pues, este principio nos lleva necesariamente a hablar del carácter que debe tener la persona que se dedica al ministerio de la predicación. Desde el principio debe quedar claro que nadie debe aventurarse a predicar sobre una doctrina bíblica que no crea o a condenar un pecado que esté practicando abiertamente o en secreto. La mayor parte de las personas que mienten o que tergiversan la verdad no pueden disimular sus verdaderos sentimientos: Casi siempre son traicionados por su mente, que hace que el cuerpo se mueva de manera inconsciente y hasta involuntaria.

Consideremos el caso de un predicador que esté pasando por una crisis personal como la pérdida de un ser querido. Con toda probabilidad, este predicador se sentirá un tanto deprimido. En un momento como éste, sería un error predicar una serie de sermones sobre temas que aborden el gozo que una persona siente cuando comprende que Dios desea darle salvación. Al predicar sobre un tema como éste, el predicador en cuestión se vería traicionado por sus sentimientos. Aunque sus palabras hablaran sobre el gozo, su rostro y su cuerpo mostrarían su tristeza.

Solamente las personas que hayan nacido con habilidad natural para la actuación o que hayan recibido clases de drama podrán disimular sus sentimientos. Aun en estos casos, tratar de engañar a la audiencia sería un error. Imagine cuán doloroso sería para una congregación saber que la persona que ha estado llamándoles a vivir en santidad ha mantenido una relación extramarital por varios meses. Con toda seguridad un evento como éste tendría un impacto devastador en la congregación.

Todo esto nos lleva a afirmar la importancia de la integridad que debe tener la persona que se dedique al ministerio de la predicación. Quien predica, debe procurar que sus palabras sean sinceras. No debe predicar temas sobre doctrinas que no crea ni sobre disciplinas espirituales que no practique. Por el contrario, la persona que ocupa el púlpito debe hablar con sinceridad, recordando que no sólo se predica con palabras, sino con sus gestos, sus actos y con toda su vida.

Uno de los términos que emplean los manuales de predicación para hablar sobre la integridad de quien expone la palabra de Dios es *transparencia*. Nuestro ministerio es «transparente» cuando hay armonía entre el contenido de nuestros sermones, nuestras propias creencias y nuestra manera de vivir. El predicador o la predicadora que es «transparente» no tiene nada que ocultar. Por eso, puede compartir sus dudas y sus debilidades con la congregación, sin temor a que la gente le tenga a menos. La audiencia se identifica con más facilidad con un ministro «transparente» que con uno que parece tener cosas que ocultar; la audiencia se identifica más claramente con un ministro que confiesa tener dudas y temores, que con uno que reclama ser un gigante espiritual; la audiencia se identifica mejor con un ministro que se ve a sí mismo como un creyente que trata de crecer en la fe paso a paso, poco a poco, día a día.

IV. Conclusión

La predicación es tanto divina como humana. Por un lado, es la comunicación del mensaje que Dios ha revelado a la humanidad por medio de Jesucristo. Por otro lado, es un proceso de comunicación entre seres humanos, donde una persona comparte un mensaje con otras, esperando una respuesta. Así pues, podemos afirmar que la predicación tiene aspectos espirituales, como la presencia de Dios, que son intangibles; y aspectos técnicos que son concretos. El resto de este libro está dedicado mayormente a los aspectos técnicos o tangibles de la predicación.

Tareas sugeridas

1. Haga un diagrama del proceso comunicativo, explicando las relaciones entre el mensaje, el emisor, el canal, el código, el receptor, la decodificación, la respuesta y el ruido.
2. Escriba una breve reflexión sobre la importancia de la integridad en el púlpito.

Lecturas sugeridas

Costas, Orlando E. *Introducción a la comunicación*. San José: Editorial Sebila, 1976.

Carty, Marjory T. & James W., Ed. *Comunicación y proclamación del evangelio hacia el siglo XXI*. México: Casa Unida de Publicaciones, 1984.

Jiménez, Pablo A. «Religión electrónica y predicación protestante» *Pasos* No. 13 (Septiembre 1987): pp. 10-13.

Palacios Mejía, Luz Amparo. *La comunicación humana: Teoría, elementos, bases*. Bogotá: Ediciones Paulinas, 1983

Valle, Carlos A. *La comunicación es evento*. Río Piedras, PR: Editorial La Reforma, 1988.

3. El contexto eclesial de la predicación

*L*a predicación del evangelio se da en un contexto particular, en una comunidad de fe formada por creyentes en el evangelio liberador del Señor Jesucristo. Este contexto peculiar le da toda una serie de características definidas a la predicación cristiana. En este capítulo presentaremos dos de esas características. En primer lugar, hablaremos del carácter testimonial de la predicación. Y luego presentaremos algunas ideas sobre la creación del sermón.

I. El carácter testimonial de la predicación

1 Juan 1:1 afirma que proclamar el evangelio es dar testimonio de «lo que hemos oído, lo que hemos visto con nuestros ojos, lo que hemos contemplado y palparon nuestras manos tocante al Verbo de vida». La predicación cristiana, entonces, es el resultado de la experiencia de fe que ilumina nuestro caminar y nos lleva a compartir el mensaje del evangelio con los demás. Este carácter testimonial le imparte a la predicación dos características muy importantes: su dimensión «sacerdotal» y su carácter «profético».

A. El aspecto sacerdotal de la predicación

La predicación no es algo individual. Si bien la preparación y el diseño del sermón se dan en privado, la predicación se lleva a cabo en público, en medio de una congregación que escucha con la esperanza de ser consolada, instruida o desafiada por el evangelio. En este sentido, el rol de la persona que predica es similar al del sacerdote del Antiguo Testamento. Éste tenía la doble tarea tanto de presentar el mensaje de Dios al pueblo como de representar al pueblo ante Dios. Quien hoy día predica da voz tanto a las enseñanzas provenientes de la Biblia y de la teología cristiana, como a las súplicas y necesidades de su comunidad de fe.

Para cumplir con su función «sacerdotal», el predicador debe aprender a escuchar, es decir, debe «prestar atención a lo que oye». De este modo, estamos afirmando que la persona que ocupa el púlpito cristiano debe tener la sensibilidad necesaria para identificarse con los demás.

1. Escuchar al pueblo

En primer lugar, la persona que expone la Palabra debe desarrollar la habilidad de escuchar el clamor del pueblo. Es necesario que la persona que ocupa el púlpito cristiano conozca claramente la condición, la necesidad, el sufrimiento, los gozos y alegría del pueblo antes de predicar. La única forma en que puede lograr esto es si forma parte del pueblo. Cuando decimos que debe «formar parte del pueblo» nos referimos a una realidad más profunda que al simple dato demográfico. Sólo se llega a ser parte del pueblo compartiendo tanto las alegrías como el dolor de la gente. Es esto lo que nos da la credibilidad necesaria para predicar efectivamente la palabra de Dios.

También debemos tener claro que al hablar de «pueblo» no nos referimos exclusivamente a la comunidad religiosa. Por el contrario, nos referimos tanto a los creyentes como a las personas que no forman parte de la iglesia pero que están en la comunidad más amplia. Esto es así porque el reino de Dios es promesa de bienestar integral (en hebreo, *shalom*) para toda persona que sufre. El señorío de Cristo no se limita al ámbito de la iglesia; más bien la fe cristiana afirma el reinado de Dios sobre toda la creación y espera la manifestación plena del señorío de Cristo sobre toda la humanidad (véase Flp. 2:5-11 y Ef. 1:10, 20-23). Sólo escuchando al pueblo podremos preparar sermones que sean pertinentes para nuestro contexto. Así pues, al ocupar el púlpito nos presentemos ante Dios en representación de nuestra comunidad; y el pueblo es nuestro compañero a la hora de preparar el sermón porque nos acompaña en nuestras oraciones y estudio.

2. Escuchar la voz de Dios

En segundo lugar, la persona que predica debe desarrollar la habilidad de escuchar la voz de Dios. Esta voz se hará clara a través del estudio de la Biblia, de la historia, de la teología cristiana, y cuando va acompañado de la reflexión sobre la acción de Dios en nuestro medio.

Debemos tener claro que el estudio de la Biblia —por sí solo— no es suficiente para preparar sermones pertinentes. Un sermón que ni siquiera aborde las necesidades actuales de nuestra audiencia no es más que una pieza de museo o una crónica de arqueología bíblica. Para predicar es necesario escuchar el mensaje bíblico, preguntándonos lo que quiere decir para nosotros hoy; es necesario poder identificar dónde se encuentra Dios actuando hoy. La predicación efectiva interpreta el mensaje bíblico, dándole viveza y otorgándole pertinencia. Este proceso de escuchar al pueblo para entonces escuchar la palabra de Dios vuelve a empezar cuando comunicamos al pueblo el mensaje discernido. Todo vuelve a empezar tornándose en un proceso de acción y de reflexión que da paso a una edificante práctica de la fe.

B. El aspecto profético de la predicación

El otro aspecto del carácter testimonial de la predicación es el profético. La persona que predica no sólo está llamada a identificar la acción de Dios en la historia, sino también a desenmascarar a las fuerzas del mal que destruyen a la humanidad. En este sentido, la predicación es denuncia y desafío: denuncia del pecado y del sufrimiento, y desafío a luchar por la reconciliación y la libertad. Ahora bien, debe quedar claro que este aspecto profético sólo puede ser efectivo cuando está matizado por dos elementos importantes: la identificación con los demás y el anuncio de la gracia divina.

1. La identificación con la iglesia y con la comunidad

Antes de «denunciar el pecado» la predicadora debe recordar que también forma parte de la comunidad de fe. Es muy fácil condenar a nuestros hermanos en la fe, presentándonos como jueces imparciales que traen el veredicto de Dios para el pueblo. En verdad, este tipo de predicación tiene poco de profético. El predicador verdaderamente profético se sabe parte de la iglesia y reconoce que al señalar las faltas de la congregación también está señalando sus propias faltas.

Del mismo modo, para denunciar los pecados de nuestra sociedad debemos reconocer que también somos parte integral de ella, pues tomamos parte activa en las luchas y los problemas del pueblo. Es fácil condenar al «mundo», tomando una actitud agresiva y hostil contra las personas que no comparten nuestra fe. Este tipo de predicación es escapista y enajenante. El verdadero predicador profético se sabe parte de la comunidad donde ejerce su ministerio y habla como tal. No podemos predicar como si la iglesia fuera una realidad ajena al mundo; no podemos predicar un juicio que nosotros mismos no estemos dispuestos a sufrir.

2. El anuncio de la gracia

La denuncia del pecado tiene que ir acompañada del anuncio de la gracia. La única razón válida para condenar la conducta errada es hacer una llamada al arrepentimiento. El motivo de la denuncia es el amor a las personas que están cometiendo la falta. Denunciamos la maldad con la esperanza de que el pecador encuentre el camino del reino de Dios, para que así sea liberado de su perversidad al aceptar el poderoso Señorío de Cristo sobre su vida. Así, anunciar el juicio de Dios es necesariamente un llamado a tomar partido por la vida, a reparar el mal provocado, a comenzar a vivir plenamente bajo la misericordiosa gracia de Dios.

C. Resumen

En la predicación se da testimonio de una experiencia de fe que ocurre en el contexto de la comunidad de fe. Esta experiencia nos lleva a escuchar la voz de Dios, a solidarizarnos tanto con la iglesia como con el pueblo en general y a luchar por la vida aun cuando nos rodeen las fuerzas de la muerte.

II. *La creación del sermón*

¿Dónde nace un sermón? ¿Qué es lo que dirige a un hombre o mujer de Dios a predicar sobre tal o cual tema? ¿Con qué debe empezar el proceso de la creación del sermón? ¿con la lectura del texto? ¿con la determinación del tema? En algún momento, todo predicador enfrenta preguntas como éstas. En esta sección consideraremos el tema de la creación del sermón, esperando poder arrojar alguna luz sobre la discusión del tema. Comenzaremos explorando la polémica que se da entre quienes afirman que el sermón debe comenzar con el estudio de la Biblia y quienes afirman que el sermón comienza cuando se escoge el tema de la ocasión. Después pasaremos a presentar una alternativa que tal vez podría resolver esta controversia.

A. *Comenzar con el texto*

Para muchos, la elección del texto es el punto de partida en el proceso de preparación del sermón; así que esta elección debe preceder a la determinación del tema a tratarse. La razón principal que aducen las exponentes de esta posición es que comenzar la preparación del sermón partiendo del tema lleva a la manipulación. En otras palabras, piensan que si primero se escoge el tema, el predicador ya sabe lo que va a decir y sólo acude a la Biblia para buscar un texto que pruebe o apoye su posición.

En parte, el uso del leccionario bíblico responde a esta preocupación. Un «leccionario» es una lista de textos sugeridos para la predicación. Estas listas ofrecen, por lo regular, cuatro lecturas: una de los pasajes narrativos o de los textos proféticos del Antiguo Testamento, una de los salmos, una selección de los Evangelios y una porción de las Epístolas del Nuevo Testamento. Estas lecturas no tratan los mismos temas. Sólo hay alguna unidad temática entre la lectura de los Evangelios y la Epístola. Por lo tanto, el leccionario ofrece tres alternativas para desarrollar su sermón a quien predica. Varias denominaciones cristianas emplean leccionarios para la preparación del sermón. En los últimos años se ha venido desarrollando un *Leccionario Común* que es utilizado por varias denominaciones protestantes.

El uso del leccionario tiene sus ventajas. Su virtud principal es que obliga al predicador a comenzar la preparación sermonaria partiendo del texto bíblico. También nos ayuda a prestarle atención a las diferentes partes de la Escritura. Además, el leccionario ayuda a celebrar las distintas épocas del calendario litúrgico como Adviento, Navidad, Cuaresma, Resurrección, y fechas especiales como Pentecostés y otras más, por lo que esto permite coordinar los temas de nuestros sermones con las fechas más importantes del año cristiano. Finalmente, el uso del leccionario obliga a tocar una variedad de temas, evitando así que el predicador repita constantemente sus temas preferidos.

B. Comenzar por el tema

Para otras personas, la elección del tema debe ser el punto de partida en la preparación del sermón. Según ellas, el tema debe elegirse de acuerdo a las necesidades de la congregación, así que el predicador debe buscar un texto bíblico que exponga dicho asunto. La razón principal para defender esta posición es que este método le da entera libertad a la persona que predica, permitiéndole escoger un tema que sea pertinente a la vida y al quehacer de la congregación. Por esta razón éste ha sido el método privilegiado por las denominaciones que tradicionalmente no usan leccionarios. Debemos notar que ésta es la posición que usualmente se recomienda en los manuales de predicación disponibles en español.

C. El problema

De primera intención, todo parece inclinar la balanza hacia enfatizar la primacía del texto. Caer en el gran peligro de hacer «eiségesis» —introducir forzosamente en el texto un sentido que le es ajeno— es lo que nos obliga a alejarnos de utilizar el segundo método. Sin embargo, el problema no se resuelve tan fácilmente. Aun cuando la preparación del sermón empiece por el texto, es posible violentar el sentido del mismo. De hecho, varios manuales de homilética y de hermenéutica moderna indican que la razón para escoger un texto en particular es que ya se tiene una idea de su tema. Entonces, ¿cómo puede resolverse esta situación?

D. La dinámica congregacional

Quisiera proponer una nueva forma de acercarnos a esta controversia. Aquí afirmamos que el sermón surge de la dinámica de la vida congregacional; es decir, que el sermón surge en medio del trabajo pastoral, entre la visita a los enfermos y el culto, entre la denuncia profética y la escuela bíblica dominical. El sermón nace del trabajo pastoral y, por lo tanto, se nutre de todos los elementos que incluye ese trabajo. Por lo menos hay cuatro elementos básicos de esta dinámica congregacional que propician la creación del sermón.

1. La vida devocional

Quien predica debe tener una vida devocional sólida que incluya la oración y la lectura de las Sagradas Escrituras. Además, ya sea que use el leccionario o no, el predicador debe estar en constante relación con la Biblia. El estudio de la Biblia es parte de la vida de fe, ya sea durante el estudio bíblico entre semana o en la escuela bíblica dominical. Este conocimiento de las Escrituras es lo que nos da las bases para seleccionar los textos para nuestros sermones.

2. La vida congregacional

La persona que predica está en contacto directo con la congregación día tras día. Aun en los momentos de asueto, la oración y el pensamiento de un agente pastoral no se separan de la dinámica congregacional. El predicador que está atento a la vida de su iglesia conoce las necesidades de la misma y, sin duda, es influido por ellas en el momento de estar preparando el sermón. Así pues, la preparación del sermón en realidad es un evento comunitario, porque la persona que predica está rodeada por el recuerdo de hermanos y hermanas que le ayudan a interpretar el texto y le reclaman un mensaje vivo, pertinente y contextual.

3. La realidad histórica

La vida congregacional no se da en el vacío. Al contrario, ocurre en un contexto histórico concreto. Vivimos en una comunidad específica que se encuentra en un país en particular, y como a todos nuestros compatriotas, las condiciones políticas y socio-económicas en que vivimos nos afectan. La crisis económica, el desempleo, la guerra, el hambre, el crimen, la pobreza, las catástrofes y los desastres naturales afectan tanto a creyentes como a no creyentes. La fe no nos exime de prestar atención a la realidad histórica de nuestros países, en particular, y de nuestro continente, en general. ¡Todo lo contrario! El predicador que es fiel a Dios y a su comunidad debe reflexionar sobre las diversas situaciones que vive su país para así desarrollar estrategias conducentes a una práctica pastoral pertinente. Esta reflexión sobre la realidad histórica también debe estar en nuestro pensamiento a la hora de preparar el sermón.

4. La práctica de la fe

Como creyentes, cada cual lleva a la práctica su fe en respuesta tanto al amor de Dios como a la situación específica en que vive. La actitud con que enfrentamos los problemas concretos de nuestra iglesia y nuestra comunidad también se refleja en la manera en que nos acercamos al púlpito. Un predicador pasivo y desconectado de la situación histórica de su comunidad difícilmente tendrá un mensaje que sea dinámico y pertinente. Por otro lado, la persona comprometida con el reino de Dios luchará para que su comunidad cada día se asemeje más al ideal de la nueva sociedad gobernada por las fuerzas de la vida y transmitirá ese mismo compromiso en su mensaje desde el púlpito. La práctica de la fe y nuestro compromiso histórico también moldearán nuestro sermón.

E. Resumen

En resumen, ¿en dónde nace el sermón? El sermón nace de la dinámica de la vida pastoral: de la oración, la reflexión bíblica, del compartir con los hermanos y las hermanas en la fe, del análisis de nuestra realidad y del compromiso con una sociedad transformada por el poder de Dios.

III. Conclusión

La predicación es una actividad comunitaria y colectiva que ocurre en el contexto de una congregación cuya meta debe ser vivir para servir a los demás. La predicación es —como señal y avanzada del reino de Dios— la voz que la iglesia levanta para evangelizar, exhortar, criticar, denunciar, consolar, invitar al diálogo y llamar a la acción a la sociedad. Este carácter comunitario es lo que hace que la predicación sea tanto la palabra que Dios dirige al mundo y la palabra con la cual el mundo le responde a Dios.

Tareas sugeridas

1. Escriba una breve reflexión sobre la forma en que usted entiende el ministerio de la predicación. ¿Se ve usted como profeta, como sacerdote, como ministro, como pastor, como algo más?
2. Reflexione sobre la manera en que usted escoge los textos y los temas sobre los que ha de predicar. Compare su propio método con el descrito en este capítulo y vea cómo puede mejorar la forma en que va creando el sermón.

Lecturas sugeridas

Jiménez, Pablo A. «¿Dónde nace un sermón?» *El Evangelio* 55:1 (Enero-Marzo 2000): pp. 12-13.

____. «Predicadores, profetas y sacerdotes» *La Biblia en las Américas* 53 #236 (#4 1998): pp. 23-25.

Ovando, Jorge. *El sentido profético del predicador*. Miami: Editorial Caribe, 1996.

Resto, Maritza. «El lugar de la predicación en el quehacer pastoral» *El Educador Cristiano*, Tercera época (Febrero 1990): pp. 19-21.

Stott, John. *Imágenes del predicador en el Nuevo Testamento*. Buenos Aires: Nueva Creación, 1996.

Aspectos prácticos

4. Cómo preparar sermones bíblicos

$\mathcal{M}$ientras entablamos un diálogo con alguien, tenemos la oportunidad de verificar, sobre la marcha, si estamos comprendiendo lo que la persona nos quiere decir. Así que entonces la interrumpimos, formulamos preguntas, parafraseamos lo que nos dice y clarificamos nuestras dudas. El proceso es activo, dinámico y, ciertamente, complejo.

Al acercarnos a un texto, enfrentamos una realidad distinta. El texto nos llega por sí solo. Es un discurso separado de su autor y de su contexto original. Todavía más, es un discurso colocado en un nuevo contexto —el nuestro— que posiblemente es muy distinto al de su contexto original. El diálogo directo con el autor, incluyendo la clarificación de sus intenciones y de nuestras dudas, se hace prácticamente imposible. Así que la pregunta se impone: ¿Cómo se interpreta un texto?

I. Los tres pasos

El sistema de los tres pasos ha sido desarrollado en diálogo con teorías contemporáneas de interpretación literaria. Nuestro objetivo principal ha sido diseñar un método que, por medio de preguntas y actividades específicas, lleve al expositor de la Biblia a una interpretación válida del texto.

La interpretación de cualquier texto bíblico siempre provoca un encuentro entre el mundo donde surgió el texto y el del intérprete. Este encuentro no sólo modifica nuestra forma de ver el texto, sino que también modifica nuestra forma de vernos a nosotros mismos. Así pues, el lector que comenzó interpretando el texto termina siendo interpretado por el texto. Ese texto, alguna vez frío y distante, ha cobrado vida. Ahora nos llama, nos juzga y nos interpela.

Habiendo dicho esto, pasemos a ver con más detalle cada uno de los tres pasos.

A. El punto de contacto

El punto de contacto es el espacio donde nuestra experiencia personal se liga íntimamente al texto bíblico; es el punto donde el texto nos toca personalmente. El punto de contacto es un momento devocional donde el estudio de las Escrituras se entrelaza con la alabanza, la adoración y el testimonio. Si fuésemos a explicarlo por medio de un diagrama, el punto de contacto sería el espacio donde "C" se traslapa con "B", la esfera de experiencia del intérprete y "A" el texto bíblico [vea diagrama #1].

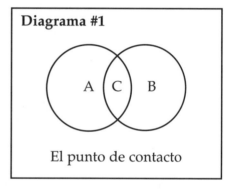

Diagrama #1

A C B

El punto de contacto

Establecer el punto de contacto con el texto del cual uno se propone predicar es sumamente importante. Esto se debe a varias razones:

- Muchos de nosotros hemos oído un sinnúmero de sermones y estudios bíblicos. Por ello, cuando nos acercamos a un pasaje bíblico conocido, es posible que ya traigamos al estudio varias presuposiciones. Estas son ideas ya formadas de antemano sobre el contenido, el mensaje y el reclamo teológico del texto. Así que la metodología que proponemos reconoce que todos tenemos presuposiciones sobre las Escrituras y que al establecer el punto de contacto no las abandonamos. Sencillamente, desde el principio, dejamos en claro cuáles son esas ideas previas y esto nos permite hacer un estudio más honesto del texto.

• Establecer el punto de contacto nos permite tener momentos de devoción personal con el texto bíblico antes de pasar al análisis crítico del pasaje. La lectura del pasaje en voz alta nos permite escuchar las distintas «voces» del texto, que son distinguibles a través de la entonación y el sentimiento con los que nos acercamos a la Escritura.

• Recordar nuestras experiencias con el texto nos ayuda a recopilar ilustraciones para el sermón. Esas ilustraciones nos facilitan movernos de lo particular a lo general en el sermón.

• Como parte del ejercicio del punto de contacto debemos anotar las preguntas y las observaciones que surgen al leer el texto. Estas anotaciones nos irán indicando lo que debemos buscar en la concordancia, los diccionarios bíblicos y los comentarios.

• En varias ocasiones, el momento de devoción que tenemos con el texto nos dará el tono dominante del sermón. Por ejemplo, nos dirá si el tono de un sermón sobre la parábola del hijo pródigo (Lc. 15:11-31) será sobre la alegría del padre, el dolor del hijo menor o la indignación del hijo mayor.

• Finalmente, al establecer el punto de contacto, anotamos los diversos temas que nos sugiere el texto. De estas ideas, podemos obtener temas para uno o más sermones.

El punto de contacto puede establecerse de distintas maneras. Puede ser que baste un solo rato de meditación. Otra alternativa es usar el modelo de la «margarita» [vea el diagrama #2]. Éste consiste en escribir el texto en el centro de un papel, rodeando el pasaje con nuestros comentarios e impresiones sobre el pasaje. Sin embargo, creo que la metodología más efectiva es la de contestar una serie de preguntas guías que provean sentido de dirección en nuestro encuentro con el texto.

A continuación voy a proponer nuestro sistema para establecer el punto de contacto. Sugiero, a quienes se interesen en emplear este método, a que le den un poco de tiempo en tanto se familiarizan con él. Más adelante, cada uno podrá modificarlo, añadiendo preguntas y actividades que respondan a su propia perspectiva teológica y personalidad.

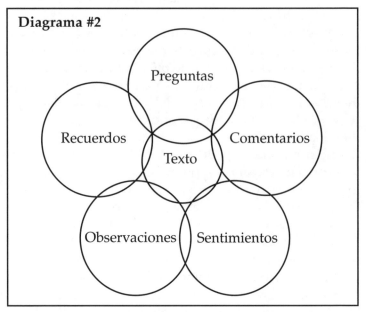

1. Separe de 30 a 45 minutos para tener su encuentro con el texto.
2. Comience con unos momentos de oración. Trate de mantener un ambiente de meditación a lo largo de este encuentro.
3. Lea el pasaje bíblico varias veces. Léalo, por lo menos, en dos versiones distintas de la Biblia, y tome nota de las diferencias significativas que hay entre ellas.
4. Lea el texto en voz alta, con buena entonación y con sentimiento. Para esto use la versión de la Biblia que sea más conocida para usted.
5. Conteste lo siguiente:
    a) ¿Qué preguntas surgen de su lectura del texto?
    b) ¿Qué sentimientos experimenta al leer el texto?
    c) ¿Qué recuerdos le trae este texto?
    d) Imagine que está en el mundo que propone el texto: ¿Qué ve? ¿Qué oye? ¿Qué huele? ¿Qué saborea? ¿Qué toca? En resumen, ¿qué siente al estar en el mundo que propone el texto?
    e) ¿Qué cambios han ocurrido en su forma de entender el texto?
    f) ¿Qué temas e ideas le sugiere el texto?

B. La explicación

La explicación es el momento donde el intérprete toma una cierta distancia del texto. Ésta es una distancia crítica, es decir, su propósito es dar espacio para un análisis cuidadoso del texto. La explicación es el momento donde recurrimos a fuentes secundarias —concordancias, diccionarios bíblicos, comentarios— que nos ayuden a estudiar el texto a profundidad. Si fuésemos a explicarla por medio de un diagrama, éste sería el momento donde se establece distancia (C) entre la esfera de experiencia del intérprete (B) y el texto bíblico (A) [vea el diagrama #3].

Si la explicación es el momento de estudiar el texto a profundidad, entonces debemos tomar en cuenta varios elementos:

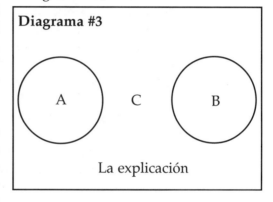

Diagrama #3

A   C   B

La explicación

- Desde este punto puede comenzar a utilizar fuentes secundarias. Se recomienda el uso de la concordancia, de un diccionario bíblico y de una Biblia en edición de estudio. En cuanto a comentarios se refiere, recomendamos la lectura de, por lo menos, dos comentarios sobre el pasaje bíblico que se está estudiando. De ser posible, se debe consultar un comentario crítico que trate el pasaje verso por verso en unión a un comentario hermenéutico que explore la relevancia del mensaje del texto para nuestros tiempos. Pero esto no limita a que quien estudia el texto pueda consultar más comentarios. Sin embargo, afirmamos que dos es un número razonable dada la presión de tiempo que pesa sobre los predicadores en nuestras iglesias.

- Un paso importante en el estudio del texto es determinar el contexto social e histórico del pasaje. Esta información puede encontrarse en libros dedicados especialmente al estudio del contexto histórico y cultural de los textos bíblicos. Recomendamos que por lo menos adquiera uno de estos libros y lo lea, haciendo las anotaciones pertinentes. Así, al buscar por el contexto del pasaje bíblico sólo tendrá que *repasar* el material. Otras fuentes donde se puede encontrar información sobre el contexto histórico son los diccionarios bíblicos, la introducción a los comentarios y los libros introductorios tanto al Antiguo como al Nuevo Testamento. De hecho, aquellas personas que han tomado cursos introductorios a la Biblia, ya sea en institutos o en seminarios, no deben tener mayores problemas para contestar estas preguntas.

- El estudio del género, la forma y la estructura literaria de los pasajes bíblicos puede ser uno de los mejores aliados del predicador. Podemos dirigir nuestro estudio sobre esto por medio de las siguientes preguntas guías:
  - ¿Cuál era la condición social de la comunidad a la que se dirigió originalmente? En lo posible, identifique el contexto histórico, social, político y religioso del texto.
  - ¿Cuál es el género literario del texto? ¿Cuál es su forma? ¿Qué elementos la caracterizan? ¿Qué función tiene esta forma?
  - ¿Cuáles son las características literarias de este texto?
  - ¿Qué palabras difíciles de entender contiene el texto? ¿Cuáles son los conceptos teológicos claves del pasaje? ¿Qué significado tienen?
  - ¿Qué respuestas ha encontrado a sus preguntas sobre el texto? ¿Qué elementos importantes para la interpretación del pasaje ha encontrado usted en su investigación?
  - En pocas palabras, ¿qué dice el pasaje bíblico? Resuma el mensaje central del pasaje. Exprese sencilla y claramente los temas e ideas de este texto para su audiencia original.

C. La interpretación

La «interpretación» es el momento donde logramos un entendimiento más profundo del texto. En cierto sentido, es el momento donde cosechamos el fruto de nuestro análisis y estudio. La interpretación es una re-lectura informada del texto. Es una segunda lectura que toma como punto de partida las conclusiones obtenidas mediante el estudio cuidadoso del texto que llevamos a cabo en la explicación. Por lo tanto, esta segunda lectura debe ser más completa, más profunda, más aguda, más crítica y más válida que la primera. Si fuésemos a explicarla por medio de un diagrama, la interpretación sería el espacio donde "B", la esfera de experiencia del intérprete, se re-encuentra con "A", el texto bíblico, y así se obtiene una comprensión, "C", más profunda del texto [vea el diagrama #4].

En este punto debemos señalar que hay una diferencia entre la explicación y la comprensión. El hecho de que uno pueda explicar un texto no quiere decir que lo comprenda. La explicación es posible cuando uno maneja en detalle el contexto, la forma y el contenido del texto. Sin

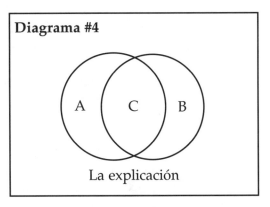

Diagrama #4

A   C   B

La explicación

embargo, la comprensión no ocurre hasta que escuchamos el reclamo del texto para nosotros hoy. Esto se verá más claro en el siguiente ejemplo.

Es posible estudiar críticamente la parábola del buen samaritano (Lc. 10:29-37), viendo lo peligroso del camino a Jericó, las razones cúlticas y rituales por las cuales el sacerdote y el levita no se detuvieron a darle la mano al herido, y la enemistad que separaba a los judíos de los samaritanos. Conociendo estos elementos, podremos explicar el contenido de la parábola. Ahora bien, sólo comprenderemos el texto cuando escuchemos su reclamo teológico para nosotros hoy. Sólo comprenderemos el texto cuando la frase «Ve y haz tú lo mismo» (v. 37) nos llame a ser misericordiosos con aquellas personas necesitadas en nuestro entorno.

La interpretación es el momento crucial del estudio bíblico. Al momento de interpretar el texto debemos considerar los siguientes elementos:

- Existe toda una serie de paralelos entre el mundo que describe la Biblia y el nuestro. En la vida hay constantes que se repiten, elementos que todo ser humano debe enfrentar. Tomemos, por ejemplo, el tema del poder. La Biblia, en especial el Antiguo

Testamento, discute a fondo el problema del poder. En varias narrativas bíblicas la discusión gira en torno a la pregunta: ¿Quién tiene el poder último en el mundo? La respuesta bíblica es que Dios está en control, que Dios tiene el poder. Quizás hoy nadie se pregunte si Moloc, Marduk, Baal o alguna otra divinidad antigua tiene el poder último sobre la humanidad; sin embargo, el problema del poder sigue vigente. Hoy podemos ¡y debemos! preguntar quién tiene el poder último sobre el destino humano. Debemos preguntar cuáles son las nuevas deidades que reclaman nuestra adoración y nuestra lealtad. Debemos preguntar cuáles son las nuevas potencias que matan y destruyen al pobre, que matan y destruyen al pueblo de Dios. Al hacer esto estaremos usando la hermenéutica de la analogía, es decir, estaremos haciendo una comparación entre nuestro mundo y el mundo bíblico para determinar la relevancia del mensaje del texto para nosotros hoy.

- La forma del texto nos puede dar pautas o hacer sugerencias a seguir a la hora de diseñar la forma de nuestro sermón.
- Del mismo modo, la función o el propósito del pasaje bíblico nos puede sugerir un propósito específico para nuestro sermón.
- El mensaje del texto se vuelve más claro cuando nos identificamos con alguno de los personajes del texto. Si el texto es narrativo, podemos identificarnos con alguno de los personajes; si es discursivo, con la persona que escribe o que recibe la enseñanza. En todo este proceso la regla a seguir es muy sencilla: Nunca debemos identificarnos con el héroe de la historia. La razón para esto es sencilla. Si nos identificamos con el héroe —es decir, con Dios, Cristo, o con el creyente fiel— corremos el peligro de caer en el triunfalismo. Si nos identificamos con los demás personajes, el mensaje del texto será más contundente. Por ejemplo, si predicamos la parábola del buen samaritano diciendo que la iglesia representa al samaritano misericordioso, no hay desafío para la audiencia. Si, por el contrario, nos identificamos con los religiosos que siguieron de largo, el llamado de la parábola a ser compasivos y misericordiosos será evidente.
- En todo este proceso no debemos perder de vista el propósito de la predicación cristiana: llamarnos a vivir en comunión con

Dios y, por lo tanto, en comunión con los demás. Así pues, a la hora de interpretar el texto debemos considerar sus implicaciones prácticas. Es decir, debemos preguntar qué nos llama a hacer el texto aquí y ahora, tanto al nivel personal como al nivel de iglesia. Así nuestra predicación será pastoral y contextual.

- Finalmente, alcanzaremos la meta de todos nuestros esfuerzos: identificar el mensaje del texto para nosotros hoy. En este punto debemos recordar que la palabra *evangelio* viene del vocablo griego que significa «buena noticia». Por lo tanto, la proclamación del evangelio debe transmitir siempre una buena noticia al oyente. La predicación cristiana es verdadera si transmite la buena noticia de que por medio de la obra redentora de Jesucristo podemos pasar de la esclavitud a las fuerzas de la muerte a la libertad para servirle al Dios de la Vida. La predicación que carece de buena noticia, por definición, no es predicación cristiana.

Podemos usar las siguientes preguntas guías para interpretar el texto:

- ¿Cómo se compara el contexto socio-histórico del texto con el nuestro? ¿Qué elementos de conflicto presenta el pasaje? ¿Qué elementos salvíficos? ¿Hay en nuestro mundo elementos parecidos a éstos? Haga una comparación entre nuestro mundo contemporáneo y el mundo que propone el texto.
- ¿La forma o la estructura literaria del texto le sugiere una estructura específica para su sermón?
- ¿La función del texto le sugiere un propósito específico para su sermón?
- ¿Con qué personaje debemos identificarnos para escuchar el mensaje de este texto en forma apropiada?
- ¿Qué pautas le sugiere este texto para la práctica de la fe y para la acción pastoral?
- ¿Cuál es el mensaje del texto para nosotros hoy? ¿Cuáles son las «buenas nuevas» del pasaje?

II. Estudio de Juan 21:15-18

A manera de ejemplo, a continuación presentaré algunas notas exegéticas sobre Jn. 21:15-18, siguiendo el método de los tres pasos. Estas notas me guiaron a producir el sermón de práctica *Itinerario*, uno de los apéndices de este libro.

A. El punto de contacto

Comienzo leyendo el texto en varias versiones. Éstas son: la *Reina-Valera, Revisión 1960* (VRV); *La Biblia de Jerusalén* (BJ), edición de estudio; *Dios Habla Hoy*, la Biblia Versión Popular (VP), edición de estudio y la *New Revised Standard Version* (NRSV). La discrepancia principal en la traducción del texto salta a la vista. Mientras la VRV usa el verbo *amar* en todas las preguntas y respuestas, las traducciones modernas en español alternan entre los verbos *amar* y *querer*. La NRSV usa sólo el verbo *to love*, ya que el inglés no tiene otros verbos para referirse a este sentimiento. Otro punto de controversia es el nombre de Simón. ¿Es «hijo de Jonás» o de Juan? Una vez más, las traducciones modernas se apartan de la VRV, la única que llama al discípulo pescador «hijo de Jonás». Después de un rato de lectura y meditación, procedo a contestar las preguntas.

* **¿Qué preguntas surgen de mi lectura del texto?**
El texto sugiere varias preguntas. ¿Cuál es la traducción correcta del texto? ¿Por qué Jesús cuestiona tan insistentemente a Pedro? ¿Por qué repite la pregunta tres veces? ¿Por qué Pedro se entristece la tercera vez que se le hace la pregunta?

* **¿Qué sentimientos experimento al leer el texto?**
El texto provoca sentimientos agridulces. Por un lado, me regocija el encuentro con el Señor resucitado. Por otro, me entristece y me avergüenza el encuentro con el Señor al cual tanto Pedro como yo hemos negado.

* **¿Qué recuerdos me trae a la memoria este texto?**
Recuerdo los viajes por las Islas Vírgenes en el bote de mi padre, navegando desde la isla de Santa Cruz al Islote del Bucanero. Recuerdo el paseo en bote por el mar de Galilea. Recuerdo los

momentos en que he tenido que volver al Señor, humillado después de haber cometido una falta contra mi prójimo y contra Dios.

• **Imagino que estoy en el mundo que propone el texto: ¿Qué veo? ¿Qué oigo? ¿Qué huelo? ¿Qué saboreo? ¿Qué toco? En resumen, ¿qué siento al estar en el mundo que propone el texto?**

Veo las riberas del mar de Galilea, cerca de Capernaúm. Los montes galileos están a la izquierda. A la derecha, veo a la distancia las alturas del Golán. Recuerdo el amanecer en la ciudad de Tiberiades y veo el sol comenzando a radiar, brillando contra el mar en calma. Escucho el ruido del agua contra el malecón; mi mano firme en un costado del bote. Recuerdo el sabor del pescado. A la distancia, me parece ver la silueta majestuosa de Jesús.

• **¿Que cambios han ocurrido en mi forma de entender el texto?**

De alguna manera el texto ha cobrado vida. Ya no es la historia de Pedro; ahora es mi historia.

• **¿Qué temas e ideas me sugiere el texto?**

Pienso en la importancia del discipulado que nos lleva a seguir a Jesús. Es posible perder de vista al maestro, volviendo a las viejas redes del pasado. El texto me lleva a pensar en la importancia de aceptar el perdón de Dios. Me lleva a pensar en el gran amor de Dios.

De alguna manera, este texto se ha convertido para mí en un resumen del mensaje del evangelio. Jesús acepta y restaura al discípulo caído. Aun cuando Pedro lo había negado, Jesús va a su encuentro y lo comisiona.

B. Explicación

• **En lo posible, identifico el contexto histórico, social, político y religioso del texto. ¿Cuál era la condición social de la comunidad a la que se dirigió originalmente?**

El Evangelio de Juan presupone la separación entre la comunidad cristiana primitiva y el judaísmo fariseo (9:34b-38). Por lo tanto, debió ser escrito entre los años 90 y 100. El Evangelio evoca un contexto palestino donde encontramos puntos de contacto con varias sectas judías. Primero, los discípulos iniciales de Jesús vienen del movimiento bautista (1:35-37). Segundo, Juan le da gran importancia a los habitantes de Samaria (4:4, 20-24). Tercero, presenta ideas comunes a lo que describen los documentos de la comunidad de Qumrán (como el dualismo entre la luz y las tinieblas, vea 3:19-21 y 8:12).

• **¿Cuál es el género literario del texto? ¿Cuál es su forma? ¿Qué elementos la caracterizan? ¿Qué función tiene esta forma?**

Este pasaje se aparta de la forma tradicional de las manifestaciones de Jesús después de su resurrección. Más que un relato sobre la resurrección, sigue la forma de un contrato legal donde se repite tres veces, ante testigos, las condiciones del contrato. La función del texto es, pues, afirmar el llamamiento o la vocación de Pedro.

• **¿Cuáles son las características literarias de este texto?**

Como indiqué anteriormente, el texto se caracteriza por la triple apelación de Jesús a Pedro.

• **¿Qué palabras difíciles de entender contiene el texto? ¿Cuáles son los conceptos teológicos claves del pasaje? ¿Qué significado tienen?**

El concepto teológico central de este pasaje bíblico es el amor. La razón para la discrepancia en la traducción es que Jesús usa el verbo *agapáo* en las primeras dos preguntas. En las demás ocasiones, tanto Jesús como Pedro emplean el verbo *filéo*. Hay un gran debate entre los expertos sobre los matices de estas formas del amor. Me inclino a pensar que la primera forma verbal se refiere a un amor más profundo y comprometido que la segunda. En este sentido, las traducciones modernas al español reflejan el verdadero sentido del texto. En las primeras preguntas, Jesús exige un nivel de compromiso que Pedro no puede alcanzar. En la tercera, Jesús llega al nivel de Pedro, le acepta y le comisiona.

• **¿Qué respuestas he encontrado a mis preguntas sobre el texto? ¿Qué elementos importantes para la interpretación del pasaje he encontrado en mi investigación?**

La traducción correcta es la moderna. Creo que Pedro se conmueve al comprender el amor de Jesús, un amor que le acepta y le restaura al lugar que había perdido en la comunidad cristiana primitiva.

• **Resumo el mensaje central del pasaje. Expreso sencilla y claramente los temas e ideas de este texto para su audiencia original.**
Para la audiencia del Evangelio de Juan, este texto legitimó el ministerio de Pedro. El mismo aseguraba que, a pesar de haber negado a Jesús, Pedro continuaba siendo uno de los líderes importantes de la iglesia primitiva. Para nosotros, este texto es un resumen claro del mensaje del evangelio: Dios acepta, restaura y comisiona a los creyentes.

C. Interpretación

• **Hago una comparación entre nuestro mundo contemporáneo y el mundo que propone el texto. ¿Cómo compara el contexto socio-histórico del texto con el nuestro? ¿Qué elementos de conflicto presenta el pasaje? ¿Qué elementos salvíficos? ¿Hay en nuestro mundo elementos parecidos a éstos?**
A la base de este texto hay un «sub-texto». Es decir, hay otro relato al cual se hace referencia: la negación de Pedro (Juan 18:15-18 y 25-27). Creo que Juan 21:15-18 responde a las dudas que surgieron en la comunidad cristiana primitiva sobre el liderazgo de Pedro.
Podemos comparar la falta de compromiso de Pedro con la nuestra. En algún momento, todos «negamos» a Jesús y en todas las congregaciones podemos encontrar luchas de poder. Creo que el texto nos exhorta tanto al compromiso personal como a la misericordia con las personas que puedan encontrar tropiezos en su desarrollo cristiano.

• **¿Acaso la forma o la estructura literaria del texto me sugiere una estructura específica para mi sermón?**
Voy a presentar el sermón en forma narrativa.

• **¿Acaso la función del texto me sugiere un propósito específico para mi sermón?**
Voy a usar el texto para llamar al discipulado cristiano.

• **Para escuchar el mensaje de este texto en forma apropiada, ¿con qué personaje debemos identificarnos?**

Debemos identificarnos con Pedro, el discípulo caído y restaurado.

• **¿Qué pautas me sugiere este texto para la práctica de la fe y para la acción pastoral?**

El texto nos llama a un compromiso serio con Cristo, a la misma vez que nos exhorta a mostrar misericordia, aceptación y comprensión.

• **¿Cuál es el mensaje del texto para nosotros hoy? ¿Cuáles son las «buenas nuevas» del pasaje?**

La experiencia de conocer a Cristo pierde su sentido si no conduce a la práctica del discipulado cristiano.

III. Conclusión

El método de los tres pasos intenta ayudar a estudiar el texto bíblico de manera eficiente y efectiva a quienes predican. Le exhortamos a que, después de usarlo por lo menos un par de veces, lo modifique hasta que pueda desarrollar su propio método de estudio e interpretación de la Biblia.

Tareas sugeridas

1. Tenga un tiempo de reflexión y de oración, usando las preguntas sugeridas en el *Punto de contacto*.
2. Estudie un texto bíblico usando el método de *Los tres pasos*.

Lecturas sugeridas

Bek de Goede, Jan. «La Biblia y la predicación» en *Comunicación y proclamación del evangelio para el siglo XXI*, editado por Marjorie T. y James W. Carty. México: Casa Unida de Publicaciones, 1984, pp. 13-23.

Cortés Fuentes, David. «Exégesis bíblica y predicación» en *Púlpito cristiano y justicia social*, editado por Daniel Rodríguez Díaz y Rodolfo Espinosa. México: Editorial El Faro, 1994, pp. 101-112.

Jiménez, Pablo A., editor. *Lumbrera a nuestro camino*. Miami: Editorial Caribe, 1994.

Jiménez, Pablo A. «Cómo preparar sermones bíblicos» en *El Evangelio* 53:4 (Octubre-Diciembre 1998): pp. 28-29.

_____. «Cómo preparar un sermón con la Biblia de Estudio» en *La Biblia en las Américas* 49:#214 (#5, 1994): pp. 11-12.

_____. «¿Qué es la predicación bíblica?» en *El Educador Cristiano 1*, Tercera época (Febrero 1990): 4-7.

5. Los rudimentos del sermón

$\mathcal{A}$l hablar de la predicación como palabra de Dios y palabra humana simultáneamente, afirmamos que la predicación tiene aspectos tangibles e intangibles. El aspecto intangible de la predicación radica en su carácter divino, en ese encuentro con Dios que ocurre en la proclamación del evangelio. El aspecto tangible se refiere a los elementos técnicos de la homilética, a los detalles que es necesario tomar en cuenta a la hora de diseñar el sermón. A continuación estudiaremos cinco elementos comunes en la preparación de todo sermón. Estos son: el título, el texto, el tema, el área y el propósito del sermón.

I. Título

El título de un sermón es una pieza importante —aunque a veces menospreciada— de la preparación sermonaria. Es uno de los elementos que ayuda a captar la atención de la audiencia. Como los acordes iniciales de una canción, el título crea expectativas y da la tónica del sermón. Debe sugerir el contenido y despertar el interés, dando así la clave para escuchar el sermón.

Un título es una frase que da a conocer el asunto o la materia de una obra. Por su parte, el título del sermón podría definirse como el anuncio del tema en forma llamativa. La función del título del sermón es sencilla: tiene el propósito de provocar el interés del oyente, de manera que éste se anime a escuchar el sermón. En otras palabras, la función del título es poner la mente del oyente a trabajar; hacer que la audiencia se pregunte sobre qué va a tratar el sermón. Puede decirse que el título presenta un problema invita a entrar en un proceso para oír atentamente mientras se busca una solución.

Un título debe tener las siguientes características:

• **Ser breve:** Un buen título es corto, directo, claro y sencillo. Debe ser una frase corta de no más de cinco o seis palabras. Los títulos largos, por lo regular, presagian sermones largos, ambivalentes, desenfocados y aburridos. Por otro lado, un título corto, directo y llamativo puede anunciar un sermón claro, conciso, atinado y relevante. Por ejemplo, recuerdo haber visto un letrero que anunciaba un sermón con el siguiente título: «Doce características de un buen padre, octava parte». Un título como éste presagia un sermón largo y aburrido. Por el contrario, recuerdo con agrado un sermón titulado «De todos modos». Éste fue el último sermón de una asamblea que duró tres días. Como el título estaba impreso en el programa, la gente se pasó todo el fin de semana preguntándole al predicador a qué se refería el título del sermón. Cuando llegó la hora de predicar el sermón, la audiencia estaba ansiosa por escucharlo.

• **Ser llamativo:** Un buen título es interesante y llamativo. Sin embargo, es necesario indicar que se debe tener cuidado para no caer en la exageración. Un título gracioso y ridículo puede restarle interés al sermón.

• **Levantar expectativas:** Un buen título hace que surjan expectativas reales en la mente del oyente. Es decir, el título le indica al oyente que hay un tema que va a ser tratado de cierta manera específica. Estas expectativas deben ser contestadas durante el transcurso del sermón. En forma negativa podríamos decir que un buen título no promete más de lo que el sermón puede cumplir.

• **Ser congruente con el tema:** Un buen título está íntimamente ligado al tema. Al oírlo, se sugiere en forma clara el tema que se va a seguir en el sermón. Sin embargo, una regla importante en la elaboración del título es que nunca debe ser idéntico al tema. Cuando usamos todo el tema como título para nuestro sermón corremos el riesgo de darle al oyente un resumen de lo que vamos a decir. Esto puede disminuir o eliminar el interés de la audiencia puesto que muchas personas pueden creer que ya han escuchado estas ideas anteriormente. Así se derrota el propósito del título: en vez de aumentar el interés, lo disminuimos. Por ejemplo, si se anuncia que el sermón del próximo domingo se llamará «Dios nos llama a ser buenos administradores de nuestros dones» y que el texto del mismo será la parábola de las minas (talentos) (Lc. 19:11-27), muchos no sentirán deseos de escucharlo.

II. *Texto*

Tanto en nuestra tradición protestante, como en nuestro contexto latinoamericano, el uso responsable de las Sagradas Escrituras es indispensable para la buena predicación. El texto bíblico es la base desde la cual parte la proclamación del evangelio.

Al hablar del texto nos referimos a la porción bíblica en que se basa el sermón. La porción bíblica puede consistir de un verso, un pasaje bíblico, uno o más capítulos, una sección o un libro de la Biblia en su totalidad. Lo importante es que esa porción de las Escrituras le dé cohesión y dirección al sermón. Aquí debemos notar que, al hablar de una «porción bíblica», estamos eliminando que se saquen frases o palabras fuera de su contexto y que siempre fundamentan la predicación de poca calidad. No podemos predicar responsablemente si basamos nuestra predicación en un par de frases unidas a la fuerza. La porción bíblica debe ser una unidad en sí misma y así debemos tratarla.

La función del texto varía de acuerdo al tipo de sermón que estemos diseñando. Cuando se trata de sermones expositivos y narrativos, el texto proporciona el tema de la predicación. Es decir, aquí el texto es el punto de partida para la preparación del sermón. Tanto el sermón expositivo como el narrativo buscan presentar el mensaje del texto de manera eficaz.

Cuando se trata de sermones temáticos o de sermones de ocasión, la función del texto será ilustrar el tema que será presentado en el sermón.

En este punto, quiero sugerir que todo predicador por lo menos debe considerar el uso del leccionario. Lo ideal sería que experimentara con él por un tiempo para ver tanto sus ventajas como sus desventajas. Hablaremos más sobre el uso del leccionario en el capítulo sobre la planificación de los programas de predicación.

A continuación presentamos algunos consejos prácticos sobre cómo elegir el texto bíblico que servirá de base a su sermón.

- **Use textos claros.** Si un pasaje bíblico es ambiguo, obscuro o difícil de entender, es mejor tratarlo dentro de un estudio bíblico. Así la audiencia tendrá la oportunidad de clarificar sus dudas por medio de preguntas y respuestas.
- **Use porciones completas.** Evite el error de sacar versos o palabras bíblicos fuera de su contexto.
- **Estudie el texto a cabalidad.** De esta manera podrá entender mejor el mensaje del texto.
- **Sea fiel al mensaje bíblico.** No fuerce al texto para que se acomode a su propia manera de pensar.
- **Respete los grandes textos de la fe.** Textos clásicos, como El Padre Nuestro o El Sermón del Monte, requieren mucho estudio antes de ser expuestos con autoridad.
- **No evada los textos conocidos.** Trate de presentar el mensaje de estas porciones bíblicas en forma llamativa y contextual.
- **Evite la monotonía.** Para ello use porciones bíblicas de distintas secciones de la Biblia. No se limite a predicar de sus libros favoritos o pasajes de la Biblia. Esté al tanto de cuáles son los textos que ha usado recientemente. Así evitará repeticiones innecesarias.
- **Que el texto sea congruente.** Si elige el tema primero, debe buscar un texto que refleje fielmente el tema. De otro modo, el texto se verá fuera de lugar en el conjunto del sermón.

III. Tema

De todos los rudimentos de la preparación del sermón, el tema es, sin lugar a dudas, el más importante. El tema es una oración simple, gramaticalmente completa, clara y concisa que resume el contenido del mensaje y sugiere la forma del sermón. El tema es una declaración teológica que expresa las «buenas nuevas» del mensaje cristiano.

La función del tema es doble. Por un lado, el tema delimita el sermón, dándole unidad y dirección. Por otro, sirve de criterio para decidir lo que ha de incluirse en el sermón.

El tema debe caracterizarse por los siguientes elementos.

* **Carácter teológico:** El tema debe tratar sobre alguna de las grandes verdades centrales de la fe. El tema debe decirnos algo sobre Dios y sobre la relación de Dios con nuestro mundo.
* **Singularidad:** El tema debe concentrarse en un solo asunto. Esto le proporciona unidad y coherencia al sermón.
* **Tono positivo:** El tema debe ser indicativo y afirmativo; no imperativo ni negativo. Cuando se parte de un tema donde se le ordena a la audiencia lo que debe hacer, el sermón adquiere un tono de regaño o de reproche que levanta obstáculos a la comunicación.
* **Pertinencia:** El tema debe ser vital y relevante. Es decir, debe ser importante para la vida del oyente, porque así escuchará el sermón con gusto, y sintiendo que está aprovechando su tiempo.

Comparemos algunos temas de sermones para determinar cuál es el más adecuado. Por ejemplo, a veces un estudiante me indica que el tema de su sermón es «la santidad». La expresión «la santidad» no es una oración completa, dado que no tiene verbo alguno. Por lo tanto, quien dice que el tema central de su sermón es «la santidad», probablemente no tiene idea de qué va a decir ni cómo debe desarrollar su sermón.

Sin embargo, con un poco de esfuerzo el estudiante puede encontrar un tema adecuado para su sermón. Las siguientes oraciones expresan temas que bien podrían servir de base a un sermón:

* Dios llama a su pueblo a vivir en santidad.
* El Espíritu Santo de Dios santifica al creyente.
* Jesucristo nos llama a crecer en la fe, entrando en un proceso de santificación y consagración a Dios.

Este ejemplo demuestra claramente que el tema debe enunciarse como una oración teológica completa, que tenga sujeto, verbo y predicado.

IV. Área

Todo sermón debe tener un área de énfasis que nos permita determinar el impacto directo que tendrá en la vida de nuestra congregación. Asignar un «área» de impacto al sermón es darle un tono específico que señala la pauta de lo que debe exponerse. Aunque toque ligeramente varias áreas, un buen sermón siempre tocará un área principal.

Como indicamos en el primer capítulo, entendemos que hay cuatro áreas básicas en la proclamación cristiana. Estas son: evangelización, educación cristiana, cuidado pastoral y desafío profético.

1. **Evangelización:** Por evangelización entendemos la presentación clara y sencilla del evangelio —aplicada a la necesidad del ser humano— que llama a una decisión de fe. El sermón evangelístico nos confronta con nuestro pecado, proclama la obra redentora de Dios en Cristo, señala el camino para acercarse a Dios y nos emplaza a tomar una opción por el Reino.
2. **Educación cristiana:** Por educación cristiana nos referimos tanto a la enseñanza de la fe como a su práctica. El sermón educativo responde a nuestra necesidad de aprender más sobre la fe, nos previene contra enseñanzas erróneas y contribuye a nuestro crecimiento en la fe.
3. **Cuidado pastoral:** Por cuidado pastoral nos referimos al análisis teológico-pastoral de la vida y sus crisis. El sermón de cuidado pastoral cubre tanto lo psicológico e individual como lo social y colectivo. Es decir, trata sobre el cuidado pastoral tanto del individuo en particular como de la sociedad en general.
4. **Desafío profético:** Éste es el llamado que hace la predicadora tanto a la iglesia como a la sociedad a vivir en paz y justicia, siguiendo los valores del reino de Dios. El sermón profético toma en serio las consecuencias funestas del pecado y la opresión, nos confronta con nuestros actos de injusticia y nos llama a un arrepentimiento sincero y transformador.

Aunque aquí sólo apuntamos estas cuatro áreas de énfasis, reconocemos que se han sugerido otras como la espiritualidad, la mayordomía o la apologética. Cada predicador o predicadora debe sentirse en libertad de modificar este esquema según su entendimiento teológico del arte de la predicación.

V. *El propósito*

Al preparar un sermón, casi siempre tenemos una preocupación que nos motiva a hablar sobre un tema específico. Por lo regular, casi siempre tenemos en mente una de las mayores necesidades de la iglesia. Nuestro sermón busca dar una palabra de Dios que hable a esa necesidad.

Por lo tanto, afirmamos que todo sermón tiene un propósito. Ya sea explícito o implícito. Estemos conscientes o no, todo sermón busca lograr un efecto particular en la audiencia. Ya vimos en la sección sobre comunicación que la predicación es un modo de comunicación intencional: el emisor siempre envía su mensaje con un propósito.

Cuando elaboramos un sermón, es saludable hacer explícito nuestro propósito. Los sermones que aparentemente no tienen propósito alguno adolecen de uno de los siguientes problemas:

- Son ambiguos y no tienen un mensaje concreto. Son blandos, aburridos y poco relevantes. Cuando se carece de un propósito específico, es muy fácil salirse del tema. Se corre el peligro de hablar de todo en general y de nada en específico.
- Son sermones hechos con un propósito implícito, e incluso a veces oculto para el mismo predicador. Es fácil hacer un sermón con el propósito implícito de ofender a alguien, de defenderse de algo o de regañar a la audiencia. Quien cae en este error, usa el sermón con el propósito inconsciente de hacer daño a los demás aun cuando conscientemente pueda decir que sólo estaba predicando el evangelio.

Habiendo señalado la necesidad de tener un propósito claro al preparar un sermón, pasemos a definir el concepto. El propósito del sermón es el objetivo del sermón. El propósito es la expresión de lo que uno quiere que ocurra con este sermón en específico. Es una afirmación que indica el resultado que deseamos obtener.

El propósito se determina sobre la base de las necesidades de la congregación. Es decir, el propósito se determina haciendo preguntas como éstas: ¿Cuáles son las necesidades más apremiantes de mi congregación y de mi comunidad? ¿Qué me motiva a escoger este texto? ¿Por qué deseo hablar de este tema? ¿Qué efecto quiero que tenga este sermón en la audiencia?

La función del propósito del sermón es clara. El propósito del sermón es una regla que nos permite medir el efecto de lo que vamos a decir. Es un criterio de evaluación que ayuda a alcanzar el efecto deseado. Al hacer explícito el propósito del sermón, estamos trazando el camino que nos llevará a alcanzar nuestros objetivos en la predicación. Además, determinar el propósito de nuestro sermón nos ayuda a examinar las razones por las que estamos tocando el tema. Si encontramos que nuestras razones no son válidas, podemos cambiar nuestro tema por uno que sea más pertinente para nuestra comunidad.

La regla básica para diseñar el propósito del sermón es que debemos tener objetivos realistas. Por sí solo, un sermón no puede modificar la conducta de la audiencia. El proceso de modificación de conducta es largo, tedioso y complicado. Lo que sí puede y debe hacer la predicación es llevarnos a reflexionar sobre nuestra vida. Un sermón puede llevarnos a ver la vida desde una nueva perspectiva, una perspectiva provista por el evangelio.

Por lo tanto, debemos rechazar los propósitos personalistas y ambiciosos. Si deseamos enviarle un mensaje a un grupo de la iglesia local en particular, debemos usar un medio que no sea el púlpito. Estos mensajes deben darse en reuniones de los grupos directivos de la congregación o en reuniones privadas con estas personas. Un sermón no cambiará su conducta. Si deseamos resolver un problema en la congregación no debemos engañarnos pensando que lo solucionaremos todo con un solo sermón. La ambición máxima del predicador debe ser que la audiencia vea el tema desde una nueva perspectiva, bajo una nueva luz, de una manera distinta.

Ahora bien, ¿no es esto muy poco? ¿Acaso estamos dudando del poder transformador de Dios? ¿Acaso estamos dudando de la efectividad de la predicación? No, en realidad no negamos el poder de Dios. Al contrario, estamos afirmando que la predicación tiene el poder de influir la actitud de cada oyente en particular y de la audiencia en general. El primer paso para lograr que una persona acepte el mensaje del evangelio es que comience a ver su relación con Dios de una forma distinta. El primer paso para lograr cambios en la iglesia es lograr que una mayoría de los hermanos y hermanas vea los asuntos de forma diferente. En este sentido, afirmamos que la predicación es un instrumento efectivo para la renovación del entendimiento (Ro. 12:1-2) de la audiencia, en el nombre del Señor Jesucristo.

Lo que negamos es que la predicación tenga el poder de efectuar cambios por sí sola. Podremos cambiar actitudes en la congregación e implementar nuevos programas sólo después de un tiempo prudente de trabajo continuo. La predicación debe ser parte de un programa donde la educación cristiana, la administración eclesiástica, el liderazgo de la congregación y la vida de adoración se encaminen a la renovación de la iglesia. La predicación no puede ser el único componente del programa.

VI. Conclusión

Los cinco rudimentos de la predicación discutidos en este capítulo nos ayudan a darle sentido de dirección a nuestros sermones. Antes de desarrollar el bosquejo o de escribir el manuscrito del sermón debemos tener estos cinco rudimentos claros tanto en nuestras mentes como en el papel.

Tareas sugeridas

1. Estudie los rudimentos de los cuatro sermones de práctica que se encuentran al final de este libro.
2. Escoja el título, el texto, el tema, el área y el propósito para un sermón de práctica.
3. Analice cuatro bosquejos o manuscritos de sermones que haya escrito anteriormente. Determine el tema, área y propósito de cada uno.

Lecturas sugeridas

Broadus, John A. *Tratado sobre la predicación*. El Paso: Casa Bautista de Publicaciones, 1961.

Crane, James D. *El sermón eficaz*. El Paso: Casa Bautista de Publicaciones, 1961.

6. El bosquejo del sermón tradicional

$\mathcal{A}$grandes rasgos, podríamos decir que el sermón tradicional tiene cinco secciones básicas: la introducción, la presentación del tema, la transición, el desarrollo y la conclusión. Veamos estos elementos en detalle.

I. La introducción

La introducción es la parte más importante del sermón, porque ahí es donde se capta o se pierde la atención de la audiencia. La introducción tiene la función de presentar o introducir el tema en forma llamativa. En otras palabras, la introducción tiene el propósito de levantar expectativas en el oyente para motivarlo a escuchar el sermón con atención. La introducción debe desempeñar, además, las siguientes funciones o tareas:

- **Despertar el interés de la audiencia:** Con el mero hecho de pararse ante la congregación, el predicador o la predicadora capta la atención de la mayor parte de la audiencia. Al colocarse detrás del púlpito, todos los ojos están puestos en usted.

- **Mantener el interés**: Los primeros minutos del sermón son cruciales. Si se pierde la atención de la audiencia en este punto, después es muy difícil recuperarla.
- **Aumentar el interés:** En este momento se debe crear en el oyente el deseo de saber más sobre el tema.

En resumen, la introducción debe crear el ambiente propicio para que el fenómeno de la comunicación del evangelio pueda ocurrir. En el momento en que se cumplan los propósitos de crear expectativas y de asegurar la atención de la audiencia, se debe terminar la introducción. Una buena introducción tiene las siguientes características:

- **Brevedad:** La introducción no debe ocupar más del 15 por ciento del sermón.
- **Claridad:** Hay que usar palabras sencillas e imágenes que el oyente pueda comprender con facilidad. No frustre a la audiencia con palabras largas y difíciles de comprender.
- **Unidad:** Esto es, la introducción debe tener unidad tanto en sí misma como con el material que le sigue.
- **Buena elaboración:** Por ser la parte más importante del sermón, ésta debe ser preparada cuidadosamente.

Al preparar la introducción debemos tratar de evitar las siguientes trampas:

- **Caer en la rutina:** Es decir, no debemos comenzar siempre con la misma frase o con el mismo estilo.
- **Comenzar con generalidades y frases de uso común:** Una frase de uso común sería, por ejemplo, comenzar afirmando que «nuestra sociedad está en crisis». Este tipo de observación aburre a la gente.
- **La adulación:** Hay quienes comienzan sus sermones alabando en forma excesiva a la congregación o adulando al pastor de la iglesia. Esto le da un carácter artificial al sermón.
- **Las excusas:** Éstas han de evitarse ya que desautorizan al predicador o a la predicadora. Por ejemplo, si usted comienza excusándose por no haber tenido tiempo para preparar el sermón debidamente, le está dando razones a la audiencia para no escucharle.

• **El lenguaje técnico o complejo:** Este tipo de lenguaje hace que la audiencia se sienta excluida. Sienten que el sermón ha sido preparado para personas más inteligentes o mejor educadas. En lo posible, el lenguaje técnico debe evitarse tanto en la introducción como en el resto del sermón.

En resumen, debemos evitar todo aquello que nos impida alcanzar el propósito de nuestro sermón.

La introducción puede tomar una de las siguientes formas:

• Una pregunta provocativa
• Una ilustración
• Una historia verídica
• La narración de un suceso histórico relevante
• Un desafío a la audiencia
• Un dilema, pidiéndole a la audiencia que escoja una alternativa entre varias
• Una «hipérbole», es decir, una frase que contenga una clara exageración
• La referencia a un hecho actual, que quizás esté ocupando los titulares de las noticias
• Una escena literaria
• Una afirmación importante, preferiblemente teológica
• La explicación del contexto histórico o literario del texto

Esta lista no es exhaustiva, claro está. Cada predicador o predicadora se debe sentir libre de añadir otras alternativas a la lista.

II. *La presentación del tema*

La presentación del tema debe ser corta, directa, sencilla y clara. Por esta razón, si hemos formulado el tema en lenguaje técnico, debemos «traducirlo» a un lenguaje claro y sencillo pero llamativo que apele a todos los oyentes. Como lo discutimos en el capítulo anterior, el tema debe ser positivo, pues debe expresar la buena noticia del mensaje del evangelio.

La presentación del tema, junto al resto de la introducción, establece un «contrato verbal» con la audiencia. Es decir, le promete a la audiencia que este sermón tratará cierta área en particular. Cuando el sermón no cumple con lo prometido en la presentación del tema, la audiencia se siente traicionada.

III. La transición

La transición une o enlaza la introducción y la presentación del tema con lo que le sigue. En este sentido, la transición concluye lo anterior e introduce lo siguiente.

La transición puede tomar diversas formas. Algunas de estas son:

- Una pregunta
- Un resumen
- Un dilema o selección

La transición debe ser corta. No debe tomar más de un párrafo.

IV. El desarrollo

En el desarrollo se presentan los diversos aspectos del tema. El propósito es transmitir la idea central del sermón. A nivel técnico, el desarrollo se divide en «puntos». Estos puntos no son otra cosa que los títulos de las divisiones principales del desarrollo. El propósito de los puntos es ampliar, explicar y demostrar el tema.

Los puntos no deben ser pequeños sermones. Por el contrario, debe ser la exposición de los diversos aspectos del tema o idea central del sermón. En este sentido se puede decir que en verdad un sermón sólo tiene un punto: el tema. Los puntos deben mostrar la unidad del tema y desarrollar el argumento.

Los puntos deben tener balance, armonía y simetría entre sí. En este sentido, el tema central del sermón no debe ser idéntico a uno de los puntos del desarrollo. En general, se recomienda que un sermón no tenga menos de dos ni más de cinco puntos. La comunicación es más eficaz cuando desarrollamos sólo dos o tres puntos en particular. Los puntos deben expresarse en oraciones gramaticales completas, a menos que nuestro diseño nos indique lo contrario.

La composición de los puntos se hará de acuerdo a los siguientes criterios:

- De acuerdo al texto, en sermones expositivos
- De acuerdo a las divisiones de la historia, en sermones narrativos
- De acuerdo al argumento, en sermones temáticos

Los puntos, a su vez, se dividen en «incisos». Los incisos son unidades de pensamiento que elaboran el punto en cuestión. Por lo regular, en los incisos se usa una de las siguientes técnicas de expresión oral:

- La narración
- La interpretación
- La ilustración
- La aplicación
- La argumentación
- La exhortación
- La definición
- La interrogación
- La descripción
- La ejemplificación
- La comparación

No deben usarse menos de dos ni más de seis incisos. La regla es que a mayor número de puntos, menor debe ser el número de incisos. Por ejemplo, un sermón que tenga cinco puntos de seis incisos cada uno sería extremadamente largo. Además, debemos buscar que los puntos tengan la misma cantidad de incisos. Sería ridículo que el primer punto de un sermón tuviera sólo dos incisos si el segundo tiene seis. Finalmente, los incisos deben ser relativamente breves. No deben tomar más de uno o dos párrafos cada uno.

V. *La conclusión del sermón*

Un sermón no necesita «conclusiones» en el sentido estricto de la palabra. El objetivo de la conclusión es reiterar el tema y enfatizar el propósito del sermón.

La conclusión debe presentar las implicaciones prácticas y concretas del tema para la vida de los oyentes. Es por esto que debe tener un carácter positivo. Éste es el momento de reiterar las buenas noticias del evangelio para el pueblo de Dios hoy. Debido a esto es que el predicador no debe verse como una figura separada que le da órdenes a la congregación, sino como un miembro de la iglesia que reflexiona sobre el tema para el beneficio de todos.

La conclusión debe ser preparada cuidadosamente, puesto que es la parte donde el sermón debe alcanzar su propósito. Así que, la conclusión debe contener, por lo menos, uno de los siguientes aspectos generales:

- **Aplicación:** La conclusión puede hacer que el tema sea puesto en práctica en la vida de la iglesia.
- **Exhortación:** La conclusión puede llamar a la audiencia a cumplir con una tarea específica dentro de la misión de la iglesia.
- **Afirmación:** La conclusión puede asegurar la verdad, la utilidad, la importancia o la pertinencia del tema para los oyentes.

Para lograr estos tonos generales podemos emplear alguno de los siguientes elementos:

- Un resumen del tema o idea central, del argumento o de los puntos del sermón;
- Una invitación a hacer algo, tal como tomar una decisión de fe;
- Una o varias preguntas generadoras, que ayuden a la audiencia a reflexionar sobre el tema;
- Una ilustración que encarne el tema o la idea central del sermón;
- Una lección tomada de la historia general o de la historia de la iglesia;
- Un escenario mental que ejemplifique el mensaje y desafíe al oyente.
- Un llamamiento al altar, sea para recibir una oración pastoral o para participar en la Santa Comunión o Cena del Señor.

En la conclusión también se pueden usar algunas de las técnicas sugeridas para confeccionar la introducción del sermón.

VI. *Uso y diseño de ilustraciones*

En este punto queremos dedicarle unos párrafos a discutir el uso y diseño de las ilustraciones, dado que éstas son parte integral de la preparación del sermón. Podemos definir el término *ilustración* como una palabra, frase, oración, párrafo o sección que busca aclarar un punto específico del sermón. En otras palabras, es una composición que ilumina, que arroja luz sobre nuestras ideas y sobre el mensaje general que deseamos transmitir a través del sermón. La ilustración busca presentar un caso con el cual la audiencia pueda identificarse. La ilustración busca ejemplificar o encarnar una idea. Una buena ilustración no necesita explicación. Ésta debe ser lo suficientemente clara como para ilustrar la idea sin explicarla. Una ilustración que necesite una introducción o una explicación elaborada sencillamente es inútil.

A continuación presentamos algunas de las características básicas que debe tener una buena ilustración:

- **Debe ser corta y clara.** Las ilustraciones largas distraen a la congregación y les hacen perder el hilo del sermón.
- **Debe ser realista.** Que confronte al oyente con su mundo. Las historias fantásticas le dan un carácter artificial al sermón.
- **Debe apelar a los sentimientos.** Pero no debe ser demasiado emotiva porque entonces puede tener efectos contraproducentes.
- **No deben tener una explicación final.** La ilustración busca aclarar el tema. Una ilustración que necesita ser explicada no puede cumplir su propósito en forma eficaz.
- **Deben ir de lo particular a lo general.** No hay ilustración más efectiva que aquella que presenta la experiencia concreta de una persona en particular.

Los siguientes consejos le ayudarán a encontrar, a escribir, o a usar las ilustraciones de manera adecuada:

- Presente eventos o relaciones que sean comunes para la mayoría de los oyentes. Esto permitirá que se identifiquen con la historia.

- Utilice las ilustraciones para establecer el ambiente, explicar puntos difíciles y darle concreción a ideas abstractas.
- Aunque las ilustraciones deben ser realistas, no es necesario que todas sean anécdotas. Si usted usa historias verídicas debe hacer todo lo posible por conservar la anonimia de las personas implicadas.
- En caso de hacer referencias personales, éstas deben presentar experiencias con las cuales todos puedan identificarse. El predicador no debe tomar la posición de «héroe» en la historia. Tampoco debe inventar un familiar para ilustrar cada punto del sermón. Además, debe usar la primera persona singular (yo) en vez del plural (nosotros).
- Las imágenes e ilustraciones son particularmente necesarias en la predicación temática.

Es posible desarrollar nuestra capacidad para crear ilustraciones haciendo lo siguiente:

- Leer tanto obras de cultura general como religiosas.
- Usar las colecciones de ilustraciones de manera efectiva. Las anécdotas e ilustraciones de estos libros no deben usarse directamente. Lo mejor es leer estos libros ocasionalmente, de manera que las historias se vuelvan parte nuestra. También es necesario adaptar estos materiales a nuestro contexto.
- Separar tiempo para meditar tanto sobre el texto bíblico como sobre el tema del sermón.
- Escribir sus propias ilustraciones.

Recuerde que puede usar ilustraciones tanto en la introducción como en el desarrollo y la conclusión del sermón.

VI. *Conclusión*

Aunque estos aspectos técnicos pueden parecer tediosos, los mismos son muy importantes. El predicador o la predicadora debe conocer y dominar el bosquejo básico del sermón tradicional. Una vez que pueda usar este modelo de manera efectiva, podrá ejercitarse en el uso de otras formas de sermón más complejas.

Tareas sugeridas

1. Haga el bosquejo de un sermón siguiendo el método sugerido en este libro.
2. Escriba un sermón en su totalidad siguiendo el método sugerido en este libro.
3. Busque un libro de ilustraciones para sermones y lea algunas de ellas.
4. Escriba por lo menos una ilustración para un sermón.

Lecturas sugeridas

Jiménez, Pablo A. «Nuevos horizontes en la predicación» en *Púlpito cristiano y justicia social*, editado por Daniel R. Rodríguez y Rodolfo Espinosa. México: Publicaciones El Faro, 1994.

Limardo, Miguel. *Ventanas Abiertas*. Kansas City: Casa Nazarena, 1969.

Perry, Lloyd M. *Predicación bíblica para el mundo actual*. Miami: Editorial Vida, 1986.

7. El sermón expositivo

$\mathcal{E}$l expositivo es el tipo de sermón más antiguo, más usado y más conocido de todos los métodos de proclamación del evangelio. Hay quienes incluso afirman que es el único tipo de sermón verdaderamente cristiano. Aunque podemos estar en desacuerdo con esta posición, la verdad es que todo predicador y toda predicadora debe manejar el diseño de esta forma de sermón que tan bien le ha servido a la cristiandad a lo largo de su historia.

I. Definición

¿Cómo podríamos definir el sermón expositivo? ¿Qué cosas podemos afirmar sobre el mismo? Definimos el sermón expositivo de la siguiente manera:

> El sermón expositivo es el que, fundamentado en una unidad de la Biblia, presenta un aspecto del mensaje del texto en fidelidad a su forma y a su contexto.

Tomemos ahora la definición en detalle. Por *unidad* nos referimos a una porción bíblica definida. Puede ser tanto un versículo como todo un libro de la Biblia. En este sentido la extensión no es lo importante. Lo más importante es que la porción bíblica sea una unidad que tenga coherencia en sí misma.

Al hablar de un *aspecto* del mensaje nos referimos a uno de los temas o asuntos importantes que surgen del texto mismo. Los textos bíblicos son tan ricos que es imposible agotar su significado en un solo sermón. Cada texto bíblico sugiere toda una serie de implicaciones teológicas sobre distintos temas. Un sermón expositivo debe presentar sólo uno de los muchos mensajes del texto.

Finalmente, por *fidelidad a la forma y al contexto* nos referimos a la calidad del estudio de la Biblia. Es importante entender el contexto histórico del texto para poder interpretarlo correctamente. Además, es necesario comprender la forma y la estructura literaria del pasaje bíblico. Si nuestro estudio no le presta atención a estos elementos podemos cometer el error de interpretar literalmente un texto poético o de no prestarle atención a algún aspecto social relevante para la comprensión del texto.

II. Función

La función de este tipo de sermón es darle voz al texto bíblico. El sermón expositivo permite que el mensaje de la Biblia impacte a la audiencia.

En términos tradicionales se ha dicho que la función del sermón expositivo es manifestar o declarar el mensaje de Dios. Este tipo de sermón busca exponer el mensaje y la carga teológica del texto. En términos más imaginativos podríamos decir que la función del sermón expositivo es hacer que la audiencia experimente en toda su plenitud la vivencia que describe el texto. Es decir, el propósito del sermón expositivo es que la audiencia experimente la realidad y la potencia del mensaje bíblico.

Tomemos como ejemplo la curación del leproso en Mc. 1:40-45. Este texto tiene la forma de una historia de milagro. La función de las historias de milagro es doble: por un lado, resaltan el poder de Jesús y, por otro, muestran la misericordia de Dios. La función de un sermón sobre este texto es que la audiencia experimente tanto el poder como la misericordia divina.

Hay personas para quienes sus habilidades les facilitan crear sermones donde los oyentes experimentan a plenitud el mensaje del texto. A otras se les hace más difícil predicar con la misma efectividad. Sin embargo, es posible lograr este efecto si utilizamos imágenes concretas, ilustraciones claras y formas directas en la comunicación del evangelio. Si nos dedicamos sinceramente a la exposición del mensaje, la realidad y el poder del evangelio se harán presentes en medio nuestro.

III. *Variantes*

La homilética tradicional hace una distinción entre el sermón textual y el expositivo. La división se hace sobre la base de la extensión del pasaje. Así, el sermón textual es aquel que se basa en un versículo o en un pasaje muy corto de la Biblia. Estos versículos le dan al texto su contenido y su estructura. Entonces, el sermón expositivo es el que comenta un pasaje bíblico más extenso.

Sin embargo, la homilética actual reconoce que esta división entre el sermón textual y el expositivo es artificial. En el fondo, ambos sermones tienen el mismo propósito: presentar el mensaje del texto bíblico para hoy.

Podemos decir, pues, que todo sermón que presenta el mensaje de una unidad de la Biblia es «expositivo». Ahora bien, podemos señalar que el sermón expositivo puede adoptar una de las siguientes formas: sermones sobre un versículo, un pasaje bíblico, una sección de un libro o un libro entero.

A. *Sermón sobre un solo versículo*

Hay versículos bíblicos tan ricos en su contenido que pueden utilizarse por sí solos como base para un sermón. En estos casos, el sermón estudiará en detalle la forma literaria y los conceptos claves del texto. Por ejemplo, sería posible hacer un sermón expositivo sobre Romanos 5:1, tomando en cuenta la estructura y el contenido del versículo. Bien podríamos diseñar un sermón de tres puntos:

1. La condición necesaria para la salvación: «Justificados, pues, por la fe»
2. El resultado de la salvación: «Tenemos paz para con Dios»
3. El agente de la salvación: «Por medio de nuestro Señor Jesucristo»

Un sermón como éste hablaría de conceptos como la justificación, la fe, la paz y la obra salvífica de Jesucristo.

B. Sermón sobre un pasaje bíblico

Éste es el tipo de sermón expositivo más usado y más conocido. Este sermón busca presentar un aspecto del mensaje del texto, en fidelidad a su contexto. Tomemos, por ejemplo, Lc. 5:1-11, «La pesca milagrosa». Uno de los muchos asuntos o temas que levanta el texto es el discipulado cristiano. El texto nos deja ver claramente que ser llamado al discipulado cristiano es equivalente a ser llamado a «pescar» seres humanos, esto es, a evangelizar. Este aspecto del texto podría ser usado como tema principal para un sermón, sin negar que el texto trata otros asuntos que podrían ser utilizados para otros sermones más adelante.

C. Sermón sobre una sección de un libro

Un poco más ambicioso es aquel sermón expositivo que trata de presentar el tema principal que une una sección de un libro de la Biblia. Sin embargo, este tipo de sermón puede proporcionarnos mensajes muy profundos y muy benéficos para los oyentes. Consideremos, a manera de ejemplo, la estructura literaria de Mc. 8:22–10:52:

1. Curación del ciego en Betsaida 8:22-29

2. Primer anuncio de la pasión
   a) Anuncio 8:27-31
   b) Los discípulos no entienden 8:32-33
   c) Enseñanzas sobre el discipulado 8:34–9:29

3. Segundo anuncio de la pasión
   a) Anuncio 9:30-31
   b) Malentendido 9:32-37
   c) Enseñanzas 9:38–10:31

4. Tercer anuncio de la pasión
   a) Anuncio 10:32-34
   b) Malentendido 10:35-40
   c) Enseñanzas 10:41-45

5. Curación de Bartimeo el ciego 10:46-52

Así podemos ver claramente que los anuncios de la pasión están enmarcados por historias de milagros donde Jesús sana a dos personas ciegas. En Mc. 8:22-29, encontramos que Jesús tiene que tocar dos veces al ciego para que éste pueda ver correctamente, porque el primer «toque» sólo le permite ver sombras borrosas. Por el otro lado, Bartimeo recibe el don de la visión instantáneamente y se convierte en discípulo de Cristo al seguirle «en el camino» (Marcos 10:52). Todo esto nos indica la situación de los discípulos de Jesús. Ellos eran como el ciego de Betsaida, pues veían en forma imperfecta el plan de Dios para con Jesús. Esto explica por qué surgen tantos malentendidos entre los discípulos de Jesús. Para llegar a ser verdaderos discípulos necesitaban un «segundo toque» de parte de Jesús. Este «toque» vendría, precisamente, por medio de la Pasión. Entonces serían como Bartimeo, creyentes que ahora veían claramente y que seguirán a Jesús en el camino a la cruz.

Un sermón sobre esta sección de Marcos nos hablaría de la importancia que tiene la «visión» en el discipulado cristiano.

D. Sermón sobre todo un libro de la Biblia

El sermón expositivo sobre todo un libro de la Biblia es, sin duda, el más abarcador de todos. Este tipo de sermón trata de resumir el mensaje central de alguno de los escritos bíblicos. Tomemos, como ejemplo, la primera epístola del apóstol Pedro. En tiempos recientes, algunos investigadores han descubierto la importancia que tiene el concepto «casa» en esta epístola. Por eso, muchos han llegado a la conclusión que el mensaje central de esta epístola es que la comunidad cristiana debe ser la «casa de aquel que no tiene casa». La comunidad cristiana debe ser la «casa» de la persona marginada. Un sermón sobre esta epístola nos presentaría a la iglesia como la comunidad donde las personas que están solas y marginadas encuentran amor, solidaridad y consuelo.

IV. Forma del sermón

Un sermón expositivo puede organizarse, por lo menos, de dos maneras distintas: la estructura del texto y la triple apelación.

A. Seguir la estructura del texto

En esta forma el texto mismo nos sirve de guía a la hora de diseñar nuestros sermones. Podemos diseñar sermones que tomen del texto el orden de las ideas, la forma, o la estructura literaria para organizar sus puntos principales. Para esto, podemos predicar el texto versículo por versículo, o seguir las divisiones principales del argumento, la historia o la narración.

B. La «triple apelación»

El sermón de la triple apelación es la forma expositiva «clásica». Ésta presenta el tema por medio de tres puntos —de aquí el mito de que todo sermón debe tener tres puntos principales— que apelan a la razón, al corazón y a la voluntad de la audiencia. A pesar de su antigüedad, ésta sigue siendo una forma muy útil de organizar las ideas en un sermón expositivo.

V. Conclusión

El sermón expositivo es y seguirá siendo el recurso principal de quienes se aventuran a predicar el evangelio de Jesucristo. Es importante que quien predica llegue a manejar este tipo de sermón en forma efectiva.

Tareas sugeridas

1. Estudie el sermón expositivo titulado «La visión de Dios», que se ha incluido al final de este libro.
2. Prepare el bosquejo de un sermón expositivo.

Lecturas sugeridas

Blackwood, Andrew W. *La preparación de sermones bíblicos.* El Paso: Casa Bautista de Publicaciones, 1953.

MacArthur, John, editor. *El redescubrimiento de la predicación expositiva.* Nashville: Editorial Caribe, 1996.

8. El sermón narrativo

$\mathcal{E}$l sermón expositivo no es el único tipo de sermón bíblico. El sermón narrativo es otro estilo de predicación bíblica que toda persona que predique el evangelio debe incluir en su repertorio.

I. Definición

El sermón narrativo es aquel que presenta un aspecto del mensaje de una unidad de la Biblia, por medio de una o más historias. Es decir, este tipo de sermón comunica el mensaje del evangelio por medio de la narración.

II. Función

La función del sermón narrativo es involucrar a la audiencia en la narración de tal manera que pueda identificarse con la historia y experimentar el mensaje del texto. Esto se hace posible porque la narración atrae y mantiene el interés de la audiencia a lo largo de toda la presentación. También puede guiar la imaginación de nuestros oyentes de tal manera que las imágenes, ilustraciones e ideas presentadas en nuestro sermón sean más llamativas y más reales. Además, la narración ayuda al oyente a identificarse con los personajes de la historia y, por lo tanto, permite que la audiencia también esté «viviendo» la experiencia que escucha.

La narración creativa y bien diseñada puede darle un sabor contemporáneo al pasaje bíblico porque establece un puente para que el oyente pueda salvar la distancia entre la historia bíblica y el momento actual.

Podemos decir que el propósito del sermón narrativo es que la audiencia identifique su historia —tanto personal como colectiva— con la historia que narramos. En cierto sentido, la predicación narrativa trasciende los detalles de la historia bíblica. Este tipo de predicación proclama una «historia compartida» donde se entrelazan el relato bíblico, la historia de la iglesia, la historia personal de quien predica y la historia personal de cada oyente.

III. Forma del sermón

Hay dos formas básicas de presentar el sermón narrativo. La primera emplea el bosquejo del sermón tradicional, dedicando los «puntos» del sermón a la narración de los distintos episodios de la historia. La segunda toma la estructura de la historia como el punto de partida para desarrollar la forma del sermón.

A. Forma tradicional

Como vimos anteriormente, el sermón tradicional comienza con una breve introducción luego de la cual anuncia su tema o idea central. Después desarrolla los «puntos» o ideas secundarias del sermón. A su vez, estos puntos se subdividen en «incisos». El sermón termina con una conclusión que recalca la idea central del sermón y afirma su propósito. A continuación sugerimos algunos modelos de sermones narrativos que siguen el bosquejo tradicional.

1. Modelo básico

Este modelo divide la historia en distintos episodios, discutiendo los mismos en los «puntos» del sermón. El desarrollo de un sermón como éste se organizaría de la siguiente manera:

I. Primer episodio
  1. Inciso #1

2. Inciso #2

3. Inciso #3

II. Segundo episodio

  1. Inciso #1

  2. Inciso #2

  3. Inciso #3

En este punto debemos recordar que un sermón tradicional no debe tener menos de dos ni más de cinco puntos.

2. *Historia y contextualización (I)*

Éste es un modelo de dos puntos. En el primero, la persona que predica cuenta o narra una historia bíblica. En el segundo, interpreta o contextualiza la historia. Este estilo de sermón narrativo se bosqueja de la siguiente manera:

I. Narración de la historia

  A. Episodio #1

  B. Episodio #2

  C. Episodio #3

II. Explicación de la historia

  A. Inciso #1

  B. Inciso #2

  C. Inciso #3

3. *Historia y contextualización (II)*

También se puede contextualizar la historia cuando se interpreta brevemente cada episodio. En este caso, en cada punto del sermón se narraría y se interpretaría un episodio dado. Este bosquejo tendría el siguiente aspecto:

I. Primer episodio

  1. Narración

  2. Interpretación

II. Segundo episodio

  1. Narración

  2. Interpretación

B. Formas inductivas

La forma inductiva sigue la estructura narrativa de un cuento corto. Un cuento tiene cuatro partes principales: marco escénico, trama, punto culminante y desenlace.

1. Marco escénico: En esta sección se presentan tanto los personajes como el problema o discrepancia que dará pie a la acción.

2. Trama: Aquí encontramos el desarrollo de la acción. En esta sección la tensión narrativa aumenta a medida que el problema se va complicando.

3. Punto culminante: Éste es el momento donde la tensión narrativa llega a su punto más alto. A partir de aquí, comenzamos a vislumbrar el desenlace de la situación.

4. Desenlace: Al final, la tensión narrativa se disipa y la situación problemática comienza a resolverse.

El bosquejo del sermón narrativo inductivo reproduce la estructura del cuento corto. Es decir, en vez de comenzar con una introducción como tal, empieza indicando el marco escénico de la historia. En vez de emplear «puntos» en el desarrollo del sermón, tiene una sección donde se narra la trama y otra donde se narra el punto culminante de la historia. Finalmente, en vez de una conclusión, narra el desenlace o la solución de la historia. El bosquejo de este tipo de sermón luce de la siguiente manera:

I. Marco escénico
II. Trama
   A. Episodio #1
   B. Episodio #2
III. Punto culminante
IV. Desenlace

Debemos tomar en cuenta que el elemento más importante de una historia es la «trama». Es decir, la manera en que se complica el problema central, afectando a todos los personajes. Por eso podemos afirmar que toda historia presenta un problema o un conflicto que debe ser resuelto.

En este tipo de sermones, los comentarios que van interpretando y contextualizando la historia se ofrecen a lo largo de la narración. La idea es entremezclar estos comentarios con la narración, de manera que el significado de la historia se haga evidente. El mensaje central de la historia bíblica se presenta hacia el final del sermón, sea en el punto culminante o en el desenlace de la historia. Esto es lo que le da un movimiento «inductivo» al sermón.

IV. Variantes

Hasta aquí hemos visto que la predicación narrativa expone el mensaje de una o más historias bíblicas con un mínimo de explicación. En esta sección ofrecemos algunas alternativas que pueden darle variedad a nuestros sermones narrativos.

A. El sermón en primera persona

Aquí el predicador toma el rol de uno de los personajes de la historia, hablando como si fuera dicho personaje. Hay quien hasta se disfraza para aumentar el impacto dramático de este tipo de sermón. Bien trabajado, el sermón en primera persona puede ser efectivo e impresionante. Mal trabajado, puede ser artificial y hasta aburrido.

B. Una historia no-bíblica

Esta variante consiste en la presentación de una historia que no es bíblica pero que bien puede ilustrar una doctrina cristiana o el mensaje central de algún pasaje bíblico. Algunas personas buscan historias que ilustren el mensaje de un pasaje bíblico tomado de los profetas del Antiguo o de las epístolas del Nuevo Testamento. Por lo regular, la historia tiene varios puntos de contacto con el pasaje bíblico. Además, debe ser una historia poderosa e impresionante. La dificultad con este tipo de sermón estriba en encontrar una historia que cumpla con todos los requisitos indicados.

C. El sermón histórico

El sermón histórico es una variante poco usada del sermón narrativo. Este tipo de sermón nos relata un episodio tomado de la historia secular o de la historia de la iglesia, que tiene el propósito de ilustrar una idea bíblica o una doctrina cristiana. Aunque esta forma puede ser muy amena e interesante, en su centro tiene un propósito educativo que la acerca al sermón temático.

V. Conclusión

El sermón narrativo, quizá, es el método más efectivo de todas las formas básicas de la predicación. Por esta razón, para quien llega a dominarlo, el sermón narrativo se convierte en uno de los mejores aliados a la hora de predicar la palabra de Dios.

Tareas sugeridas

1. Estudie el sermón narrativo titulado «Tiempo de decidir», que se ha incluido al final de este libro.
2. Prepare el bosquejo de un sermón narrativo.

Lecturas sugeridas

Freeman, Harold. *Nuevas Alternativas en la predicación bíblica*. El Paso: Casa Bautista de Publicaciones, 1990.

Jiménez, Pablo A. «Aspectos bíblicos del sermón narrativo» *El Evangelio* 54:3 (Julio-Septiembre 1999): pp. 12-13.

_____. «Cómo diseñar sermones narrativos» *El Evangelio* 54:2 (Abril-Junio 1999): pp. 12-13.

_____. «El sermón narrativo» *El Evangelio* 54:1 (Enero-Marzo 1999): pp. 12-13.

9. El sermón temático

El temático tal vez sea la forma de sermón más difícil de todas. Requiere mucha preparación, estudio e investigación. Del mismo modo, requiere que el predicador o la predicadora tenga destreza para la comunicación, pues deberá comunicar ideas abstractas de manera clara, concisa y amena.

Sin embargo, la iglesia actual necesita desesperadamente que quienes ocupan nuestros púlpitos prediquen más sermones temáticos. Nuestras congregaciones necesitan escuchar sermones educativos que les ayuden a crecer y a madurar en la fe.

I. Definición

El sermón temático define, explica y desarrolla una idea. Por lo regular, comenta el tema desde un punto de vista bíblico y teológico. Es decir, un sermón temático es aquel que presenta una tesis o un argumento a la luz de las enseñanzas de la Biblia y en diálogo con el pensamiento teológico de la iglesia.

II. Función

La función del sermón temático es principalmente educativa. Este tipo de sermón reflexiona sobre un tema con el propósito de que la audiencia tome conciencia de la importancia del mismo.

Dependiendo del carácter del tema a tratar, el sermón puede buscar que la congregación aprenda algo nuevo, que profundice su conocimiento sobre un tema que ya conoce, o que se mueva a la acción basada en el conocimiento adquirido.

III. Variantes

Existen diversos tipos de sermones temáticos. A continuación solamente comentaremos tres de estas variantes.

A. El sermón doctrinal

El sermón doctrinal expone y comenta alguna de las enseñanzas básicas de la fe cristiana, o un aspecto pertinente de alguna de ellas. Es decir, el sermón doctrinal presenta un tema clave de la fe como la salvación, el pecado o el ministerio del Espíritu Santo. El propósito de esta variante del sermón temático es educativo.

B. El sermón sobre temas bíblicos

Este tipo de sermón resume lo que la Biblia dice y enseña sobre un tema dado. Por lo regular, presenta las enseñanzas tanto del Antiguo como del Nuevo Testamento sobre el tema. Por ejemplo, en una ocasión una congregación me solicitó que predicara un sermón sobre el tema de la «unción» en la Biblia. Así que hablé sobre el uso del aceite para ungir a los reyes y los sumo sacerdotes de Israel, del significado de la palabra «Mesías», y sobre la unción de personas enfermas en el Nuevo Testamento.

C. El sermón sobre problemas sociales

El sermón sobre problemas sociales presenta ideas bíblicas y teológicas sobre un tema actual, tal como la discriminación étnica y racial, el machismo o la violencia doméstica. Este tipo de sermón es una reflexión mayormente teológica, puesto que la Biblia dice muy poco sobre nuestros problemas contemporáneos. Por ejemplo, la Biblia no habla sobre temas como la ingeniería genética o el uso de armas nucleares en la guerra. Este tipo de sermones abordarán el tema de la ética social, por lo que su propósito puede ser tanto educativo como profético. Es decir, lo mismo puede enseñarnos algo nuevo que desafiarnos a tomar acción contra un problema social.

IV. Forma del sermón

El sermón temático debe presentarse en la forma más clara posible. Por esta razón, recomendamos que se bosqueje usando la forma del sermón tradicional. Se debe expresar el tema claramente, señalando las divisiones y resumiendo cada punto. Es posible desarrollar el sermón usando las siguientes técnicas de exposición:

1. Use preguntas y respuestas relacionadas al tema en cuestión.

2. Divida el desarrollo del sermón en tres partes, que pueden ser algo como las siguientes:
    a) Explore, explique, aplique
    b) Premisa mayor, premisa menor, conclusión
    c) El presente, el pasado, el presente
    d) Ni esta premisa es cierta, ni ésta, sino ésta

3. Puede dividir el sermón en dos puntos principales:
    a) El problema y la solución
    b) Lo que no es y lo que es
    c) Promesa y cumplimiento
    d) De la premisa menor a la mayor
    e) De la premisa mayor a la menor
    f) Ambigüedad y claridad
    g) O esta premisa es cierta, o ésta otra es cierta
    h) Esta premisa es cierta y ésta también

Divida el desarrollo del tema de la forma más clara posible.

V. Características

El sermón temático debe tener cuatro características principales: fidelidad a las Escrituras, carácter teológico, pertinencia y contextualización.

A. Debe ser fiel a las Escrituras

Los sermones temáticos deben tratar de resumir las enseñanzas bíblicas sobre el tema que exponen. Los diccionarios bíblicos ofrecen resúmenes adecuados que se pueden usar para enriquecer la predicación.

B. Debe estar en diálogo con la teología

Este tipo de sermón debe presentar puntos de vista teológicos sobre el tema que expone. Para esto, es necesario leer obras de teología sistemática y conocer la historia de la iglesia. Todas las denominaciones cristianas tienen confesiones de fe o manuales de teología que presentan y explican sus creencias básicas. Las personas dedicadas al ministerio pastoral deben estudiar las creencias de sus denominaciones y desarrollar sus sermones en diálogo con sus tradiciones teológicas.

C. Debe ser pertinente

Esta forma de sermón debe usarse para comentar temas pertinentes para nuestras congregaciones y para nuestra sociedad. Para hacer esto de manera eficiente, el predicador y la predicadora deberán leer obras de ética social; también deberán prestar atención a las noticias, pensando teológicamente sobre los males sociales que aquejan a nuestra sociedad. En ocasiones, también será necesario estudiar manuales de sociología, psicología, consejería, política, y hasta de economía. Estos materiales bien pueden ayudarnos a comprender mejor los eventos que ocurren en nuestra sociedad. Sin embargo, es necesario recordar que nuestro propósito es elaborar un sermón que edifique a la congregación, no una conferencia que demuestre la profundidad de nuestro conocimiento.

D. Debe ser contextual

El sermón temático debe enfatizar la pertinencia de la fe cristiana en el mundo actual. Es decir, debe explicar cuán importante es el tema del sermón para la congregación. Este factor le añade un alto grado de dificultad al sermón temático. No basta, pues, estudiar lo que algún experto haya escrito sobre un tema en otro tiempo y en otro lugar. Es necesario desarrollar el tema de manera que realce su importancia para quienes vivimos aquí y ahora. Por eso, las personas de habla hispana deben estudiar obras escritas por eruditos hispanoamericanos. Esto facilitará la contextualización del tema que deseamos presentar.

VI. Ventajas y desventajas

La ventaja principal del sermón temático es su carácter educativo. Este tipo de sermón educa a la audiencia preparándola para enfrentar la vida en forma madura e integrada. Además, el sermón temático educa y forma al predicador y a la predicadora que se toma la molestia de prepararlo. Quien predica sermones temáticos regularmente desarrolla posiciones claras y bien pensadas sobre diversos temas.

Sin embargo, el sermón temático puede ser difícil de preparar, sobre todo para personas que no han estudiado teología o cuya denominación no tiene una tradición teológica sólida. Es más fácil preparar un sermón temático si ya se tiene un cierto grado de conocimiento teológico, y si uno proviene de una iglesia como la presbiteriana o la luterana, que tienen una amplia herencia en esta área.

Así mismo, la preparación responsable de sermones temáticos toma más tiempo que la de los sermones bíblicos, puesto que requieren más estudio y más investigación. Por esta razón, le recomendamos que prepare toda una serie de sermones sobre el tema que ha estado estudiando. Por ejemplo, si usted invierte varias horas estudiando sobre el ministerio del Espíritu Santo, prepare dos o tres sermones sobre el tema. De esta manera, tanto usted como la congregación tendrán más tiempo para asimilar esta compleja doctrina cristiana.

Si predica sermones doctrinales debe tratar de exponer el tema de manera sencilla. No use palabras en hebreo, griego o latín, particularmente si usted no ha estudiado estos idiomas; y además evite los términos técnicos y el lenguaje teológico rebuscado.

Finalmente, recuerde que este tipo de sermón puede ser polémico y hasta controversial. En las bancas de nuestras congregaciones hay personas que tienen ideas muy diversas sobre la forma de gobierno de la iglesia local, los dones del Espíritu Santo, la Segunda Venida de Cristo y muchos otros temas. Del mismo modo, hay personas con opiniones radicalmente opuestas sobre el divorcio, el uso de las bebidas alcohólicas, o la participación del creyente en la política activa. La polémica puede ser especialmente aguda en congregaciones independientes que, por lo regular, tienen una tradición teológica relativamente corta. También es posible que surjan controversias muy duras en congregaciones donde el pastor o la pastora no le presta mucha atención a la educación cristiana. En congregaciones como éstas, muchos líderes dependen de los programas religiosos que escuchan en la radio o en la televisión para alimentarse espiritualmente. El problema surge cuando las enseñanzas del evangelista radial o de la televisión difieren de las creencias aceptadas por la congregación.

VII. Conclusión

La preparación de sermones temáticos y doctrinales es un desafío hasta para las personas más experimentadas en la exposición de la palabra de Dios. Sin embargo, este tipo de sermón es una herramienta esencial para la educación y la capacitación del pueblo de Dios.

Tareas sugeridas

1. Estudie el sermón temático titulado «Junto al fuego», que se ha incluido al final de este libro.
2. Prepare el bosquejo de un sermón doctrinal.
3. Prepare el bosquejo de un sermón sobre un problema social.

Lecturas sugeridas

Léon-Dufour, Xavier, editor. *Diccionario de teología bíblica.* Barcelona: Editorial Herder, 1985.

Nelson, Wilton M., editor general. *Diccionario de historia de Iglesia.* Miami: Editorial Caribe, 1989.

10. El sermón de ocasión

La vida de la iglesia se caracteriza por su continua actividad: bodas, bautismos, defunciones, nacimientos, días especiales como el día de la madre, del padre o del niño; todas son parte de la vida en comunidad. Muchos de estos eventos se celebran con servicios de adoración, por ejemplo, donde se consagra en matrimonio a una pareja o se le dice el último adiós a un hermano. En esos servicios especiales, por lo regular, no falta la predicación.

I. Definición

El «sermón de ocasión» es el que se predica con motivo de un evento particular en la vida de la iglesia. Dicho de otra manera, este sermón interpreta un suceso dado desde el punto de vista teológico.

II. Función

La función de este tipo de sermón es ayudar a los creyentes a comprender teológicamente el significado del evento que se celebra o de la ocasión que se observa. Esto quiere decir que el sermón para una ocasión puede ser muy distinto del de otra. Por ejemplo, en una boda el sermón celebra la alegría de la pareja. Sin embargo, en un funeral, el sermón ofrece una palabra de consuelo. La única constante en el sermón de ocasión es el propósito pastoral de ofrecer una palabra de orientación desde el punto de vista de la fe.

III. Variantes

El sermón de ocasión tiene tres variantes principales: sermones funerarios, nupciales y de días especiales.

A. El sermón funerario

Este sermón se ofrece con el propósito de consolar a las personas que han perdido a un ser querido. Este tipo de sermón no debe negar la realidad del sufrimiento. Por el contrario, debe reconocerlo y aceptarlo; pero también debe proclamar la esperanza de la resurrección. Al predicar el sermón funerario debemos cuidarnos de no traer a la mente de nuestros oyentes recuerdos que hagan la experiencia todavía más dolorosa. Para evitar esto, por regla general, no debemos entregar la responsabilidad de predicar sermones funerarios a familiares directos de la persona fallecida. Otro punto que debemos tener en cuenta es que un funeral es el momento para consolar, no para la manipulación evangelística. El funeral no es el momento para aprovechar el dolor, sufrimiento o pena de una persona y lograr una «conversión» sin verdadera convicción.

B. El sermón nupcial

Este sermón tiene el propósito de celebrar la unión de una pareja, dándole apoyo y exhortándole al amor mutuo. Debe presentar una visión correcta y balanceada del matrimonio, evitando menospreciar el lugar de la mujer o sobrevalorar el del varón. Este sermón tiende a ser corto y alegre.

C. Sermones sobre días especiales

Estos sermones son punto obligado en fechas como el día de la madre, del padre o al término de la escuela bíblica de verano, entre otras. El sermón debe ofrecer una reflexión breve sobre el tema sin idealizar a las personas homenajeadas. Como la iglesia suele llenarse de visitantes en estas ocasiones festivas, el sermón entonces puede tener un color evangelístico que anime a esas personas a continuar visitando nuestra congregación.

IV. Forma del sermón

Este sermón no demanda una forma específica, lo importante es que su estilo sea adecuado para la ocasión. Por ejemplo, un sermón en un servicio de graduación es, por lo regular, muy formal. Sin embargo, un sermón funerario debe ser sencillo, corto y coloquial.

Ya sea en la introducción o en la conclusión, el sermón debe hacer alusión a la ocasión o al evento que se observa. El desarrollo del sermón puede ser expositivo, narrativo o temático.

V. Metodología

Para preparar el sermón de ocasión sugerimos la siguiente metodología: consideración del evento, reflexión y aplicación.

A. Consideración del evento

El primer paso para preparar un sermón de este tipo es meditar sobre el significado del evento. Hay que analizar la ocasión, preguntándonos qué importancia tiene esta fecha para la audiencia.

Tomemos el ejemplo de una boda. ¿Qué es lo que ocurre en una ceremonia nupcial? ¿Es la unión de dos personas? ¿Es acaso un mero trámite legal? ¿Por qué se lleva a cabo en la iglesia? ¿Qué valor teológico tiene? ¿Qué papel juega la audiencia en una boda? ¿Son participantes o son espectadores? Preguntas como éstas nos permitirán tener claro lo que pensamos sobre el asunto. Además, nos ayudarán a determinar las cosas que no sabemos sobre el tema. Este ejercicio nos preparará para el segundo paso.

B. *Reflexión bíblica y teológica*

Después de aclarar nuestras ideas sobre el tema, debemos tener un momento de reflexión bíblica y teológica. En este punto debemos tratar de interpretar el evento a la luz de las Escrituras y de la fe.

Podemos pensar, por ejemplo, en el sermón funerario. Para preparar el mismo será necesario considerar lo que dice la Biblia sobre la vida, la muerte, la resurrección y la esperanza cristiana. En ocasiones, es conveniente considerar lo que se ha escrito sobre el tema a nivel teológico. Por ejemplo, para preparar el sermón funerario sería muy provechoso revisar la extensa producción teológica latinoamericana sobre la vida, la muerte y la resurrección.

C. *Aplicación*

En este último paso, la persona que prepara su sermón tiene que evaluar la utilidad y la pertinencia de lo que ha descubierto en los pasos anteriores. Es decir, debe preguntarse cómo aplicar los conceptos aprendidos en los pasos anteriores tanto para la situación de su congregación en general, como para la de cada creyente en particular. Para hacer esto es necesario pensar en forma contextual, evaluando tanto la condición de nuestra iglesia como las características de nuestra comunidad.

Un buen ejemplo de la labor necesaria en este caso son los sermones en ocasión del día de las madres. ¡Cuántos sermones no exaltan a la mujer ideal que nos presenta Proverbios 31:10-31! Sin embargo, este texto nos presenta un cuadro muy distinto de la situación actual. ¿Cómo podemos aplicar el mensaje de estos versículos a nuestro contexto? ¿Qué importancia tiene este texto en un mundo donde hay madres solteras, mujeres divorciadas y profesionales sin hijos a quienes no se aplican los versículos 11-12, y 28? ¿Cómo podemos aplicar el versículo 15 a las madres que viven en situaciones de pobreza? ¿Cómo predicar este texto sin ser machistas?

Ésta es la parte central de todo el proceso de preparación del sermón. Es la parte en que, como pastores y pastoras, buscamos ofrecer un mensaje que oriente, que sea pertinente y esté contextualizado. Buscamos una palabra que nos ayude a entender la ocasión a la luz de la fe.

VI. *Consejos prácticos*

A continuación ofrecemos algunos consejos prácticos para la elaboración de sermones de ocasión.

A. *Sea pastoral*

No manipule a la gente que pueda estar pasando por momentos de crisis. Es penoso ver como algunos servicios de ocasión se convierten en cultos evangelísticos, donde no se presta atención a las necesidades pastorales de la gente. Aproveche estos momentos para establecer una relación pastoral con sus feligreses.

B. *Sea realista*

No presente cuadros idealistas donde todo sea perfecto. Eso sólo desanima o confunde a la audiencia. Tampoco abuse del elogio. Los muchos elogios le dan un aspecto artificial al sermón. Presente el realismo de la fe.

C . *Sea contextual*

Considere las implicaciones socio-económicas de lo que le está diciendo a la audiencia. Utilice la ayuda de las ciencias sociales cuando lo crea conveniente. Hay principios de psicología pastoral que son claves para tocar temas como el matrimonio, la familia y el luto, entre otros.

VII. *Conclusión*

Como cualquier predicador o predicadora de experiencia le podría indicar, el ministerio pastoral requiere la elaboración constante de sermones de ocasión. Hay quienes afirman que incluso un tercio de todos los sermones que predican en un año caen bajo esta categoría. Por esta razón, es necesario que quienes ejercen una labor pastoral dominen este tipo de sermón.

Tareas sugeridas

1. Estudie el sermón de ocasión titulado «Itinerario», que está incluido al final de este libro.
2. Escoja una ocasión y un tema pertinente. Haga la investigación necesaria para preparar su sermón siguiendo las guías presentadas en este capítulo.
3. Prepare el bosquejo de un sermón de ocasión.

Lecturas sugeridas

Jiménez, Pablo A. «El sermón de ocasión» *El Evangelio* 54:4 (Octubre-Diciembre 1999): pp. 12-13.

11. La presentación del sermón

I. Introducción

Una de las ideas centrales de este libro es que el sermón es un **evento**. Es decir, es un acto por medio del cual una persona debidamente preparada presenta un mensaje religioso ante una congregación en el contexto de un servicio de adoración a Dios. Si esta definición es correcta, entonces la presentación del sermón es la conclusión del proceso homilético. De nada vale estudiar un texto y preparar el manuscrito de un sermón si éste no se predica ante una audiencia. El bosquejo o manuscrito sólo se convierte en un **sermón** cuando se predica.

En primer lugar, en este capítulo ofreceremos consejos prácticos sobre cómo presentar nuestros sermones de manera más efectiva. En segundo, discutiremos cómo podemos evaluar nuestra predicación. La evaluación es un aspecto crucial para la predicación, ya que nos ayuda a preparar y a presentar sermones de mayor calidad y efectividad a nuestras congregaciones.

II. Consejos prácticos sobre la presentación del sermón

El primer consejo —y quizás el más importante— que podemos ofrecer es que la persona que se prepara para predicar debe creer que el sermón va a hacer una diferencia en la vida de las personas que habrán de escucharlo. El predicador o la predicadora debe tener expectativas altas y confiar en que la exposición de la palabra de Dios será eficaz. Éste es un punto sumamente importante. Imaginemos, por un momento, que un predicador prepara un sermón sin ánimo alguno, pensando que su congregación no va a prestarle mayor atención. Con toda seguridad este predicador no se esmerará en preparar el mejor bosquejo o manuscrito posible. Siguiendo el ejemplo, entonces presentará su sermón con desgano, pues ya se siente derrotado antes de comenzar. Al final, su lenguaje corporal le transmitirá a la congregación que algo anda mal con el predicador. Los gestos de su cara gritarán, sin sonidos, que está perdiendo el tiempo.

Recalcamos, pues, que quien ocupa el púlpito debe mantener una actitud positiva, sentirse llamada por Dios, respaldada por el poder del Espíritu Santo, y debe transmitir fe y confianza en Dios tanto con sus gestos como con sus palabras.

A. Antes del servicio de adoración

Queda claro que el predicador y la predicadora deben ir al púlpito debidamente preparados y haber terminado el bosquejo o el manuscrito del sermón antes de comenzar el servicio de adoración. De este modo, podrán adorar con libertad. También deben ir preparados física, emocional y espiritualmente.

• **Preparación física:** Cuide su salud. Observe un régimen de dieta y ejercicio que le permita mantener un peso adecuado. El sobrepeso puede causar dolores en las rodillas y en la espalda, particularmente si está de pie más de media hora. Trate de descansar un poco antes del servicio de adoración en el que va a predicar. Nunca coma de más antes de subir al púlpito. Consulte a su médico si predicar puede agravar alguna condición de salud. El asma puede causar una tos crónica y las alergias pueden causar infecciones de la garganta.

• **Preparación emocional:** El descanso le ayudará a ir al púlpito en calma. Evite las discusiones antes de predicar. Lea el manuscrito o bosquejo de su sermón varias veces en su casa o en su oficina pastoral. Lea el texto, por lo menos, una vez en voz alta. Si así lo desea, puede hacer anotaciones en su manuscrito o subrayar las palabras claves de cada párrafo. Mientras más practique su sermón, más seguridad mostrará en el púlpito.

• **Preparación espiritual:** Mantenga un ambiente espiritual durante todo el proceso de preparación del sermón. Ore constantemente, desde el momento en que va a escoger el texto sobre el que va predicar, hasta el momento en que llega al púlpito. Pídale a Dios que le dirija y que le dé sabiduría para proclamar la Palabra. Pídale que, por medio de su Espíritu Santo, transforme la vida y los corazones de las personas que necesitan tener una experiencia de fe. Si así lo desea, puede crear un grupo de oración que interceda ante Dios por usted. Algunos de estos grupos se pueden reunir a orar el domingo en la mañana, mientras que otros pueden hacerlo un par de días antes del servicio de adoración.

Los predicadores y las predicadoras visitantes deben vestirse adecuadamente, de acuerdo a la tradición de la congregación que les invitó. Deben llegar temprano para saludar a la gente y para conocer el templo. De ser posible, deben subir al púlpito para saber dónde está el micrófono, dónde deben colocar su bosquejo, y cómo deben pararse. Si el púlpito es muy alto, debe preguntar si la congregación tiene alguna plataforma que le permita predicar con más comodidad.

B. Durante el servicio de adoración

Una vez que comience el servicio, debe dedicarse a adorar a Dios. No se distraiga leyendo o repasando sus notas. Tampoco abuse de su voz, cantando a gritos. Por el contrario, debe cantar en voz baja. De hecho, si cantamos en voz baja y en el tono más bajo posible, esto puede ayudar a preparar nuestra garganta para predicar.

Recuerde que no hay razón para ponerse nervioso o nerviosa. Usted no está frente a una audiencia hostil. Por el contrario, se encuentra ante una congregación deseosa de escucharle con amor. Si los nervios le atacan, ore a Dios pidiendo calma. Eso debe ayudarle a manejar adecuadamente la tensión. Si después de orar todavía está muy nervioso o nerviosa, haga algún ejercicio de relajación, como los que sugerimos a continuación:

• Cierre los ojos. Respire profundamente. Retenga el aire por un segundo, procediendo después a exhalar lentamente.
• En forma discreta, cierre su mano hasta formar un puño. Presione con fuerza por varios segundos. Abra la mano muy lentamente.

Debe hacer estos ejercicios hasta que pueda relajarse. Sin embargo, no debe abusar de ellos. Los ejercicios de relajación pueden hacerle bostezar o pueden causarle sueño.

En muchas iglesias, se presenta a los predicadores o predicadoras visitantes con una larga introducción. Muchas veces, la presentación cae en excesos, tratando de halagar a la persona o dando detalles innecesarios sobre su vida. En todo caso, responda en forma sencilla y agradecida a la presentación, sin darle mayor importancia.

C. Durante el sermón

• **Lleve al púlpito lo que sea estrictamente necesario.** Hay personas que, además de la Biblia y el bosquejo, llevan libros de ilustraciones y grabadoras al púlpito. Estas cosas distraen a la audiencia, sobre todo si se caen al piso.
• **Use su voz natural.** No trate de hablar en un tono más grave ni trate de imitar la voz o el estilo de otra persona. Mantenga un volumen de voz adecuado. Tampoco deje caer su voz al final de la frase (lo cual puede ser un síntoma de enfermedad respiratoria, como el asma). No grite. Use pausas, silencios y cambie el volumen y la entonación de su voz para hacer énfasis.
• **Maneje el micrófono en forma efectiva.** Si desea darle énfasis a una frase, acérquese al micrófono y hable en voz baja, casi susurrando. Si sube la voz, aléjese del micrófono.

• **Mantenga un ritmo de respiración constante.** Los nervios pueden acelerar la respiración, haciendo que se quede sin aire o que hable demasiado rápido. Mantenga una velocidad promedio, sin hablar demasiado rápido o demasiado lento.

• **Limite el uso de las muletillas.** No repita palabras tales como «Amén», «¿verdad?» o «¿comprenden?» cada dos o tres frases. Las muletillas son síntoma de mala preparación y de nerviosismo. Evite usar expresiones de alabanza a Dios como muletillas. Diga «Aleluya» o «gloria a Dios» sólo cuando verdaderamente desee alabar al Señor. No tome el nombre de Dios en vano.

• **Mantenga un buen contacto visual con la congregación.** Mire directamente a la audiencia. Trate de mirar alternadamente en varias direcciones, sin olvidar a las personas que están sentadas en la parte trasera. Si así lo desea, puede tomar algunas personas como puntos de referencia. De este modo, cuando mire a la izquierda pondrá su vista sobre Pedro, pero cuando voltee a la derecha mirará a Raquel.

• **¡Predique! No se limite a leer sus notas.** Si ha escrito todo su sermón, entonces debe leerlo en un tono conversacional.

• **Transmita seguridad y convicción por medio del tono de su voz y del manejo del tema.** Mantenga un tono fraternal, recordando que está hablando a hermanos y hermanas en la fe. Trate de crear un ambiente que sea propicio para escuchar el mensaje del evangelio de Jesucristo.

D. El lenguaje corporal

Como ya lo indicamos en el capítulo sobre la comunicación, se predica no sólo con nuestras palabras sino también con nuestros gestos. Los contrastes fuertes o las discrepancias entre las palabras y las acciones son «ruidos» que distraen y confunden a la congregación. De todos modos, la gente tiende a creer más lo que transmiten nuestros gestos que lo que decimos con nuestras palabras.

Los gestos de nuestra cara transmiten emociones y sentimientos, que le van dando los distintos matices a nuestro sermón. La expresión facial, por lo regular, no puede fingirse. Por lo tanto, se debe predicar con sinceridad. De otro modo, su rostro le dirá a todo el mundo que usted está predicando algo que en realidad no cree.

Mantenga una buena postura en el púlpito. Coloque el pecho, que es el «centro» de su persona, de frente a la congregación. Nunca le dé la espalda a la audiencia. No se incline o recueste sobre el púlpito. Para evitar movimientos involuntarios, coloque un pie un tanto al frente del otro. Las personas que se paran con un pie paralelo al otro tienden a balancearse de lado a lado.

Los cambios en la postura también le transmiten mensajes a la audiencia. Por ejemplo, inclinarse hacia el frente transmite compañerismo y familiaridad; inclinarse hacia atrás transmite reserva y evaluación; y balancearse de lado a lado transmite indecisión.

No trate de hacer demasiados gestos con sus manos. Trate de dejar sus brazos colgando, al lado de su cuerpo. Limite los movimientos nerviosos, tales como poner las manos en los bolsillos o jugar con sus espejuelos. Si está muy nervioso o nerviosa, coloque sus manos sobre el podio, con las palmas extendidas. Mueva sus manos solamente cuando desee hacer un gesto que pueda reforzar sus palabras.

Coordine los gestos con sus palabras. Recuerde que el gesto debe preceder a la palabra, no seguirla. Es decir, nunca haga un gesto después de decir lo que deseaba ilustrar. Recuerde, además, que los gestos deben ser sugestivos, no imitativos. Con esto queremos decir que sus gestos no deben tratar de imitar la acción sino sugerirla. Por ejemplo, sería un error imitar la acción de enterrar los clavos en las manos de Jesús cuando se está predicando sobre la crucifixión. En este caso, sería mejor levantar el brazo, colocándolo de manera que la congregación pueda ver la palma de su mano. La audiencia bien puede imaginar la brutalidad de la crucifixión. En resumen, los gestos que tratan de imitar una acción pueden convertir su sermón en teatro de segunda clase o en mala pantomima.

En conclusión, trate de que su postura, sus gestos y su expresión facial concuerden con el tono y el contenido de su mensaje. De otro modo, su lenguaje corporal será contrario a su lenguaje verbal y habrá «ruido» en la comunicación.

E. Después del servicio

Tome tiempo para saludar a la congregación una vez que el servicio de adoración haya terminado. No se despida rápidamente. Reciba con gratitud y humildad los comentarios de la gente. No preste mayor atención a los comentarios impropios que sean demasiado positivos o negativos. Si nota que alguna persona está muy conmovida con su sermón, dedíquele el tiempo que necesite. Pregúntele si desea hablar con más profundidad sobre el tema en una entrevista pastoral, sea en su oficina o en el hogar de la persona.

Los predicadores y las predicadoras visitantes no deben tratar de opacar al pastor o pastora de la congregación. Nunca desautorice al pastor local. Rechace cortésmente los comentarios impropios, sobre todo los de quienes desean compararle con el pastor local. Si alguien le pide que le acompañe a orar por alguna persona enferma, dígale que irá solamente si el pastor o pastora de la congregación va con ustedes. No acapare la atención de la audiencia. Si alguien le da dinero en la puerta del templo, no lo rechace, pues de otro modo puede avergonzar a dicha persona. Sin embargo, no debe quedarse con el dinero. Entregue la ofrenda al pastor o a la pastora de la congregación.

III. *Cómo evaluar nuestra predicación*

Es necesario que evaluemos nuestros sermones. La evaluación constante evita el desarrollo de «vicios» en la predicación, nos ayuda a corregir defectos, propicia la variedad en nuestro repertorio de sermones, y nos ayuda a ser mejores predicadores y predicadoras del evangelio.

Hay tres tipos básicos de evaluación sermonaria: la personal, la colegiada, y la congregacional.

A. *La evaluación personal*

Ésta es la evaluación que el predicador o la predicadora hace de su propia predicación. Hay tres criterios que pueden ayudarnos a determinar nuestra efectividad. El primero es el esfuerzo que ponemos en la preparación del sermón. Una preparación rigurosa, por lo regular, es señal de que se está estudiando el texto o el tema en forma adecuada.

El segundo es la variedad en nuestra predicación. Las personas que predican con efectividad usan distintos tipos de sermones, tocan una variedad de temas y exploran distintos pasajes de la

Biblia. Un ejercicio que podemos hacer para evaluar la variedad de nuestra predicación es revisar nuestros sermones, haciendo una lista de formas, temas y textos. Por ejemplo, usted necesita darle más variedad a su predicación si encuentra que la mayor parte de sus sermones son expositivos, se basan en el libro de los Hechos de los Apóstoles, y tocan el tema de la santificación.

El tercero es la grabación de sermones en cinta de audio o de vídeo. Es aconsejable grabar periódicamente nuestros sermones, ya sea por medio del sistema de sonido del templo o con una mini o micro grabadora. La distancia le ayudará a evaluar su sermón más objetivamente, así que escuche el sermón algunos días después de haber predicado el mensaje. Se debe apartar un tiempo específico para escuchar cada sermón, y hay que compararlo con el bosquejo que usamos para predicarlo.

Quienes tengan una cámara videograbadora a su disposición pueden filmar algunos de sus sermones para después evaluarlos. A nuestro entender, grabar sermones de práctica es un ejercicio indispensable para los cursos de predicación en colegios bíblicos y seminarios. El profesor o la profesora debe ayudar a sus estudiantes a evaluar dichas grabaciones.

B. La evaluación colegiada

Ésta es la evaluación que se hace con la ayuda de otros predicadores y predicadoras, y puede tomar cuatro formas distintas: denominacional, grupal, talleres o cursos avanzados.

La primera es la evaluación que hacen las denominaciones. Todas las iglesias tienen líderes experimentados que supervisan el trabajo de su cuerpo ministerial. Puede pedirle a la persona que tiene la responsabilidad de supervisarle —llámese obispo, supervisor, superintendente, presbítero, o pastor consejero— que le ayude a evaluar su predicación. Desgraciadamente, muchas denominaciones sólo supervisan a las personas que son candidatas al ministerio y a quienes están en el proceso de ordenación. También los pastores y las pastoras que ya tienen cierta o mucha experiencia pueden beneficiarse de este tipo de evaluación.

La segunda es la evaluación que puede hacerse con la ayuda de un grupo de apoyo. En ocasiones, el cuerpo ministerial de un área se reúne una vez al mes para intercambiar ideas y evaluar su trabajo. Una de las actividades que pueden hacer es evaluar sermones de algunos participantes que deseen recibir esa retroalimentación. Del mismo modo, si usted trabaja en una congregación que tiene varios pastores y pastoras, puede pedirles a sus colegas que le ayuden a evaluar su predicación.

La tercera es la participación en talleres y seminarios sobre el tema de la predicación. Estos pueden ser de gran ayuda para quien predica constantemente. El problema que presentan es que, por lo regular, estas actividades se llevan a cabo sólo en áreas metropolitanas donde hay escuelas teológicas que organizan cursillos como parte de su programa de educación continua. Una alternativa para solucionar esta situación sería crear una alianza ministerial que organice los talleres o seminarios que el cuerpo ministerial del área necesite.

La cuarta es la participación en cursos avanzados de predicación. Los seminarios y los colegios bíblicos ofrecen cursos avanzados sobre el tema, como parte de su programa regular de estudios. Uno bien puede inscribirse y participar en este tipo de cursos, ya sea como estudiante regular o como oyente.

C. La evaluación congregacional

Ésta es la evaluación que se hace con la ayuda de miembros de la congregación, y es la más fácil de organizar y la más efectiva. Tiene dos modalidades principales. La primera es la organización de grupos que ayuden al pastor o pastora a preparar sus sermones. El grupo debe dialogar sobre el texto o el tema de la predicación antes de que se haga el sermón. El predicador o la predicadora debe incorporar los comentarios del grupo en su sermón y contestar sus dudas e inquietudes. El grupo debe ser pequeño, pero representativo de los distintos grupos que componen la congregación.

La segunda son los grupos de evaluación. Este método consiste en escoger un grupo de personas que, siguiendo una serie de preguntas guías, evalúen el sermón. Las personas deben llenar un formulario durante el servicio de adoración. Después, deben tener una reunión breve para discutir los puntos fuertes del sermón y lo que el predicador o la predicadora debe mejorar. La reunión siempre debe terminar con una palabra de aliento. La persona que predicó el sermón puede estar presente durante la discusión; si no desea estar presente, puede nombrar a un líder que resuma la discusión y que le comunique los comentarios del grupo.

IV. Conclusión

La evaluación nos ayuda a determinar qué tan efectiva ha sido la preparación y la presentación del sermón. Por eso, todo sermón de práctica que se presenta en un curso de predicación debe ser debidamente evaluado. Una vez que se llega al pastorado, se puede usar alguno de estos métodos periódicamente, ya sea una vez al mes o durante todo un mes del año. Lo importante es aceptar la crítica constructiva, y esforzándonos para predicar el mensaje del evangelio de manera todavía más efectiva.

Tareas sugeridas

1. Escoja algún texto narrativo de los evangelios. Léalo varias veces en voz alta. Practique la lectura interpretativa.
2. Practique, en voz alta, la lectura de su sermón.
3. Practique alguno de los ejercicios de relajación.
4. Organice un grupo de preparación de sermones con el grupo de su clase o en su congregación.
5. Organice un grupo de evaluación del sermón con el grupo de su clase o en su congregación.
6. Grabe su sermón en cinta de audio. Evalúe su sermón de acuerdo a los criterios presentados en este capítulo.
7. Grabe su sermón en vídeo. Evalúe su sermón de acuerdo a los criterios presentados en este capítulo.

Lecturas sugeridas

Jiménez, Pablo A. «Cómo planear nuestra predicación» *Apuntes* 21:3 (Otoño 2001): pp. 98-108.

Mohana, Joao. *Cómo ser un buen predicador: Teoría y ejercicios para desarrollar elocuencia, voz, expresión corporal, estilo, memoria y contenidos.* Buenos Aires: Editorial Lumen, 1993.

Apéndices

A. La visión de Dios

Texto:	Apocalipsis 4:1-11
Tema:	La visión de la soberanía de Dios nos capacita para transformar nuestra presente situación de opresión en una nueva realidad de paz y justicia.
Área:	Desafío profético
Propósito:	Que el grupo experimente el poder de la visión, sintiéndose llamados por Dios a forjar una nueva realidad.
Diseño:	Expositivo (Triple apelación)

I. Introducción

Imaginen la escena: Una cárcel, una celda, un prisionero, un pastor separado de su congregación. Una visión de Dios, una visión del futuro que Dios quiere, de la voluntad de Dios para su pueblo. Y una voz, una fuerte voz que llama, diciendo: «Sube acá, sube acá y yo te mostraré las cosas que sucederán.»

El libro del Apocalipsis es un testimonio de la fidelidad de Dios para con su pueblo y de la perseverancia de la iglesia primitiva. Escrito a finales del primer siglo, el libro de la Revelación es un fiel testigo de las luchas de la iglesia naciente contra las sangrientas persecuciones del Emperador Domiciano (81-96 d.C) en la última parte de su reinado (89-96 d.C). En este libro, encontramos las visiones y los sueños que fortalecieron a la perseguida comunidad cristiana.

II. Presentación del tema

En esta ocasión, quiero hablar de una de esas visiones. Quiero hablar de la poderosa visión del Dios Soberano, que se encuentra en el libro de Apocalipsis, capítulo 4. Y en este encuentro con la visión, quiero que notemos el poder de la misma. Quiero que entendamos el hecho de que las visiones inspiradas por Dios nos capacitan para transformar nuestra situación presente en una nueva realidad de paz y justicia, en el nombre del Señor Jesucristo.

III. Desarrollo

A. Apelación a la razón

1. Nuestro primer paso, en esta hora, es entender las muchas imágenes del texto. El pasaje es tan vivo, tan rico, que casi podemos verlo. Es un mundo de pura luz. Jaspe, cornalina, un arco iris esmeralda; ¡todo brilla! Es como mirar un relámpago. Y en el medio de todo, un trono —que es símbolo de la autoridad y la majestad del Dios Vivo— que está rodeado por otros veinticuatro tronos. Todo enfatiza el poder de Aquel que está sentado en el trono; todo reafirma la autoridad del Dios Soberano que gobierna los cielos y la tierra.

2. También vemos cuatro seres vivientes que rodean al trono. Son cuatro porque representan a todo el mundo: norte, sur, este y oeste. También representan a todos los seres vivientes: las bestias salvajes, los animales domésticos, los seres humanos y las aves del cielo. Siempre están alertas, por eso están cubiertos de ojos. Estos seres alaban a Dios, y con ellos el mundo alaba a Dios, y en ellos todas las criaturas alaban a Dios diciendo:

> Santo, Santo, Santo
> es el Señor Dios Todopoderoso
> el que era, el que es, y el que ha de venir.

3. Y cuando ellos adoran así, los veinticuatro ancianos que se sientan en los tronos se postran ante Dios. Es muy importante notar que los ancianos tienen tronos y coronas. Estos elementos representan, respectivamente, poder y realeza. Sin embargo, en vez

de jactarse de su poder, ellos tiran sus coronas, dando a Dios toda la gloria, todo honor y todo poder.

Resumen: Todo esto se debe a que en Apocalipsis 4 encontramos una visión de Dios; un Dios santo, soberano y todopoderoso. Un Dios que está en control de su creación. Un Dios que puede —¡y quiere!— liberarnos de las cadenas de la maldad.

B. *Apelación al corazón*

1. Ésta es una visión impresionante. Sin embargo, si no nos apropiamos de ella, entonces esa visión no tendría valor alguno para nosotros. ¿Saben por qué? Porque una visión sólo es efectiva si la hacemos nuestra. Una visión sin un visionario carece de valor, al igual que una preciosa pintura cuando está encerrada en un armario. Al igual que una obra de arte necesita un espectador, una visión necesita un visionario que pueda ser cautivado, sorprendido, emocionado y motivado por la escena.

2. Quizás esto se vea más claramente en la siguiente historia. Conozco a una ancianita que tuvo una visión inspirada por Dios. Una noche, un grupo de personas fueron a visitarla. Después de un rato, ella notó a un joven de catorce años entre el grupo. Al momento de verlo, tuvo un una visión donde contempló al joven predicando el evangelio. Esa misma noche conoció varios detalles de la vida de ese muchacho: su mamá sufría de una enfermedad terminal y él era un solitario que sentía un especial desprecio por todo lo religioso.

«¿Que debo hacer?», se preguntó esta anciana. «¿Debo creer la visión o no?» Bueno, por alguna razón ella decidió apropiarse de aquel sueño e hizo suya aquella visión orando por ese joven diariamente. Ella hizo aquella visión su propia visión. La madre de aquel joven murió, y por varios meses no hubo señales de cambio. Un año más tarde, sin embargo, tuvo una profunda experiencia de conversión. Entonces, unos 10 meses después de su conversión comenzó a predicar.

Yo sé esto porque yo estaba allí; fue el 30 de marzo de 1977. Yo prediqué con todo mi corazón esa noche, en parte porque aquella ancianita se había apropiado de una visión inspirada por Dios.

3. Por eso tenemos que dar lugar a la visión. Tenemos que mirar al futuro con los nuevos ojos que Dios nos da a través de la fe.

Tenemos que ver vidas rehabilitadas, hogares unidos, vivienda justa, salud para todos, niños que rían de gozo, comida para el hambriento y esperanza para el necesitado.

Tenemos que aprender a ver como Dios ve; tenemos que aprender a ver a un futuro creyente en un no-creyente y un futuro santo en un pecador.

Resumen: Tenemos que apropiarnos de la visión que Dios tiene para su mundo porque sólo así se convertirá en realidad.

C. Apelación a la voluntad

1. Pero quizás alguno de ustedes se pregunte qué valor tiene una visión. ¿Qué diferencia hace una visión? O quizás alguien recuerde las palabras de Segismundo en la pieza teatral *La vida es sueño* escrita por Calderón de la Barca:

> Sueña el rey que es rey, y vive
> con este engaño mandando, . . .
> Sueña el rico en su riqueza
> que más cuidados le ofrece;
> sueña el pobre que padece
> su miseria y su pobreza;
> sueña el que a medrar empieza,
> sueña el que afana y pretende,
> sueña el que agravia y ofende,
> y en el mundo, en conclusión,
> todos sueñan lo que son,
> aunque ninguno lo entiende.
> Yo sueño que estoy aquí
> de estas prisiones cargado,
> y soñé que en otro estado
> más lisonjero me vi.
> ¿Qué es la vida? Un frenesí.
> ¿Qué es la vida? Una ilusión,
> una sombra, una ficción,
> y el mayor bien es pequeño;
> que toda la vida es sueño,
> y los sueños, sueños son.

Jornada Segunda, Escena 19

2. Sin embargo, como creyentes —y en especial como siervos de Dios— sabemos que las visiones inspiradas por Dios son poderosas. Una visión funciona como un mapa: nos ayuda para saber hacia dónde nos dirigimos y a trazar un plan de trabajo para llegar allí.

- Igual que la visión de Dios en el monte Horeb motivó a Moisés para dirigir la liberación de Israel de la opresión egipcia.
- Igual que la visión sobre un varón macedonio llevó a Pablo a predicar el evangelio por primera vez en Europa.

Las visiones inspiradas por Dios nos señalan la senda que debemos caminar.

3. En nuestro caso la visión de Apocalipsis 4 tuvo dos efectos en la iglesia primitiva. En primer lugar, le dio la certeza de que Dios estaba en control de la historia, y así la liberaba del yugo del temor al imperio, al diablo y a la muerte. «¡Ya no hay que temer!», decían, «¡Es Dios quien está en control de la situación!» En segundo lugar, esa nueva esperanza le dio a la iglesia las fuerzas necesarias para transformar su realidad resistiendo a las fuerzas de la muerte y transformando el corazón del imperio.

Resumen: Las visiones que Dios da son poderosas. Por ejemplo, la visión de la gloria de Dios puede transformar nuestra presente situación de sufrimiento en una nueva realidad. Por lo tanto, trabajemos para convertir esa percepción del futuro en una realidad, en el nombre del Señor Jesucristo.

IV. Conclusión

Hoy el texto les invita a tomar la visión del Dios soberano como guía y motivación de sus vidas. Quiera Dios bendecirles. Quiera Dios darles la nueva visión de una iglesia poderosa que sirva a Dios con la palabra y el testimonio, con la predicación y con el trabajo dentro de la comunidad. Quiera Dios que hoy puedan oír una voz, una fuerte voz que los llama diciendo: «Sube acá, sube acá y yo te mostraré las cosas que sucederán; Sube acá e inspiraré nuevos sueños de vida en ti.»

B. Tiempo de decidir

Texto: Rut 1:15-18
Tema: Dios nos ofrece una vida nueva en una comunidad de fe que entiende el mundo desde una perspectiva distinta: desde la perspectiva del reino de Dios.
Área: Evangelización
Propósito: Que la audiencia experimente el dilema de escoger entre la vida en el «mundo» y la vida en el «Reino».
Diseño: Narrativo

I. El tono del sermón

¿Se imagina usted lo difícil que debe ser no tener un lugar en el mundo?

Debe ser como la experiencia de Víctor, uno de mis mejores amigos. Nacido y criado al principio de la década de los años 60, en una base militar en el sur de los Estados Unidos, Víctor nunca fue aceptado por sus compañeros, ya que él era puertorriqueño, no «americano». Este rechazo afectó tanto a Víctor de pequeño que su familia decidió mudarse a Puerto Rico, esperando entre otras cosas, un mejor ambiente para su hijo. Sin embargo, Víctor también fue rechazado por sus compañeros de clase dado que no podía hablar correctamente el español. Para ellos, él no era puertorriqueño, era «americano».

Algo parecido a esta sensación de desamparo es el sentido de vacío que nace en nosotros cuando un ser amado muere. Yo todavía recuerdo una tarde en que, muy contento, caminaba rumbo a la casa de mi tía, porque acababa de comprar un paquete de tamarindos, la fruta predilecta de mi mamá. Y me dije a mí mismo: «Voy a guardar la mitad de estos tamarindos para mi mamá.» Instantáneamente, sentí como que algo me golpeó en el rostro; era mayo de 1976, y mi madre había muerto once meses atrás.

Si usted ha sentido el dolor que provoca una de estas experiencias, ¿podría imaginarse lo duro que debe ser experimentar las dos a la vez? Bueno, eso fue precisamente lo que les pasó a Rut y a Noemí. Ellas experimentaron tanto la pérdida de sus seres queridos como la pérdida de sus tierras.

II. Marco escénico

Esta historia ocurre en Palestina, en el tiempo de los jueces. Es la típica historia del inmigrante. Huyendo del hambre, Elimelec emigra de su tierra, Belén de Judá, a la tierra de Moab. Como Abraham y José antes que él —y como los inmigrantes que todavía salen de nuestras tierras buscando nuevos horizontes— Elimenec tomó a su esposa Noemí y a sus dos hijos, Mahlón y Quelión, y se los llevó a una tierra extraña buscando, persiguiendo el sueño de una vida mejor.

III. Trama

Sin embargo, los sueños de Elimelec se desvanecieron como las nubes en un día de sol. Como casi siempre le ocurre al inmigrante, las cosas no salieron como Elimelec las pensó. Elimelec no encontró una nueva vida, más bien encontró la muerte, dejando a Noemí bajo el cuidado de sus dos hijos.

Los hijos de Noemí se casaron con mujeres moabitas, Orfa y Rut. Por diez años vivieron en la tierra de Moab. Al final de estos años pasó lo peor que podía ocurrir: Mahlón y Quelión también murieron.

Para una mujer en el mundo antiguo la viudez era una horrible pesadilla:

• Ser viuda significaba ser pobre, porque sólo los hombres y las mujeres ricas tenían derecho a comprar un pedazo de tierra donde construir una casa.

• Ser viuda sin cuñados significaba estar sin la protección del levirato (Dt. 25:5-10). La ley estipulaba que la viuda debía casarse con su cuñado, quien, a su vez, debía cuidar de ella y de la descendencia de su hermano.

• Ser viuda sin hijos implicaba estar desamparada en la vejez.

Y tenemos tres viudas:

  - Sin marido, sin cuñados y sin hijos;
  - Sin tierra, sin casa y sin trabajo;
  - Sin derechos, sin rentas y sin pensiones;
  - Pobres, tristes y solas.

Sin embargo, no todo estaba perdido. Noemí recibió buenas noticias de su casa. La hambruna había terminado y ahora podía volver a Judá. Por lo menos en Israel la ley de Moisés le daba derecho a poseer la tierra de su difunto marido. Entonces Noemí empacó sus cosas y volvió a Judá con sus nueras.

Pero en el camino a casa, Noemí recordó algo: sus dos nueras no eran de Judá, no eran israelitas. Ellas tenían su propio pueblo, su propia cultura y sus propios dioses. Mientras Noemí iba contenta porque regresaba a su casa, sus nueras estarían abandonando su tierra. Bajo la tradición de su país, ellas pertenecían una vez más a sus padres.

Y Noemí dijo a sus dos nueras:

«Andad, volveos cada una a la casa de su madre.... Os conceda Jehová que halléis descanso, cada una en casa de su marido.» (Rt. 1:8a,9a)

Así era como Noemí perdía la única familia que le quedaba. Sabiendo esto, las dos mujeres besaron a Noemí y llorando— asegurándole su amor y su apoyo— le dijeron: «¡No, no te dejaremos!». Pero Noemí insistía diciendo:

«Regresad, hijas mías; ¿para qué vendríais conmigo? ¿Acaso tengo yo más hijos en el vientre que puedan ser vuestras maridos? Regresad, hijas mías, marchaos . . .» (Rt. 1:11-12a)

IV. Punto culminante

Orfa besó a su suegra y se fue. Pero Rut se quedó con ella. Entonces Noemí le dijo: «Mira, tu cuñada ha regresado a su pueblo y a sus dioses; ve tú tras ella» (1:15). Y por primera vez en su vida Rut tuvo en sus manos algo que nosotros damos por sentado: el poder de elegir. Desde su niñez Rut había sido dominada por hombres que tomaban todas las decisiones importantes para su vida. Y ahora, en esta ocasión, ella tenía que decidir por sí misma.

Imagino que éste fue un momento muy difícil para Rut. ¿Recuerda usted la primera vez que tuvo algún dinero a su disposición? ¿Recuerda usted la lista enorme de cosas que iba a comprar con ese poco dinero? Y al ir a la tienda, ¿recuerda cómo caminó por todo el local casi dos horas antes de tomar una decisión?

Rut debió sentirse igual de confundida, especialmente porque esta decisión no era entre comprar un buen libro o una pieza de ropa de diseñador. Rut tenía que tomar una decisión fundamental; una decisión que cambiaría toda su vida. La pregunta que Rut enfrentaba era: ¿Quién será mi pueblo y quién será mi Dios?

Para entender el dilema de Rut es necesario conocer el tipo de dios que era la divinidad del pueblo de Moab. El dios Quemosh era un dios sanguinario a quien los israelitas consideraban abominable. En 2 R. 3:27 se cuenta como el rey de Moab sacrifica a su hijo primogénito a Quemosh. Esto no es tan extraño si tenemos en cuenta que los amonitas adoraban a este mismo dios, aunque lo llamaban Moloc. El culto a Moloc se basaba en el sacrificio de niños que eran puestos en las manos ardientes de una estatua que representaba a esta divinidad.

Ese era el dilema al cual Rut se enfrentaba. Rut tenía que tomar una decisión entre dos comunidades, entre dos sistemas de valores, entre dos mundos distintos, entre dos dioses.

Para nosotros, esa elección entre dioses puede parecernos algo extraño, antiguo. Ya nadie adora a Quemosh, la divinidad moabita. Sin embargo, nosotros todavía nos enfrentamos al mismo dilema. Por un lado, los dioses de este mundo nos llaman:

• El dios de la violencia, del militarismo y el terrorismo mata a nuestro pueblo.

• El dios de la tecnología y el avance científico experimenta con nosotros.

• El dios de la avaricia, del fraude y la riqueza fácil, por un lado deja a nuestra familia desempleada mientras que por otro le ofrece distintos vicios.

• Y el dios del sometimiento nos quiere mantener pobres, débiles e ignorantes para mantenerse en el poder.

Por otro lado, encontramos al Dios de la vida, al Dios que nos ofrece justicia y justificación por la fe; al Dios que se identificó con nosotros hasta la muerte, y muerte de cruz; al Dios que nos ofrece un nuevo orden donde los falsos dioses morirán en el olvido, mientras se construye el reino divino, el reino de Dios: un reino de amor, misericordia, paz, bienestar y justicia.

V. *Desenlace*

Una decisión entre dos comunidades, dos sistemas de valores, dos mundos distintos, entre dos dioses.

«Rut respondió: No me ruegues que te deje y me aparte de ti, porque a dondequiera que tú vayas, iré yo, y dondequiera que vivas, viviré. Tu pueblo será mi pueblo y tu Dios, mi Dios.» (Rt. 1:16)

C. Junto al fuego

Texto:	Isaías 6:1-8
Tema:	Colocarse junto al fuego es símbolo de colocarse ante la presencia de Dios.
Área:	Desafío profético
Propósito:	Que la audiencia se sienta llamada a responder con un profundo compromiso personal a la presencia de Dios en sus vidas.
Diseño:	Temático

I. Introducción

En la vida hay cosas que siempre llaman nuestra atención; elementos que a todos nos parecen fascinantes. No sé cuántos de ustedes recuerdan con detalle su niñez, pero cuando éramos chicos todos teníamos algo que acaparaba nuestros sueños y nuestra atención.

Y uno de esos elementos que a todos fascinan es el fuego. Piense un poco en el tema y verá que el fuego es uno de los elementos más complejos que los seres humanos encontramos en nuestro caminar. El fuego es símbolo de vida, pero puede causar la muerte. El fuego purifica, pero también puede destruirnos. Por eso, el fuego siempre provoca en nosotros dos sensaciones encontradas: atracción y temor.

II. Presentación del tema

Muchos pueblos de la antigüedad veneraban el fuego como a una divinidad. Sin embargo, aunque también la Biblia nos habla del fuego, éste sólo tiene valor simbólico en las Escrituras. Por un lado, el fuego es símbolo de la presencia misma de Dios; por otro, es símbolo de la santidad divina.

III. Desarrollo

A. En la Biblia, el fuego es símbolo de la presencia de Dios

1. La Biblia menciona el fuego en diversas ocasiones. Sin embargo, para estudiar el simbolismo del fuego no hay más que recordar las historias narradas en el libro del Éxodo.

- Por un lado, encontramos la historia del llamamiento de Moisés, donde Dios se manifiesta por medio de una zarza que, aunque estaba ardiendo, no se consumía (Ex. 3).
- Por otro, Dios se vuelve a manifestar a Moisés cuando le da las tablas de la ley desde el Monte Sinaí. El Éxodo nos dice que el monte humeaba porque Dios había descendido sobre él en el fuego (Ex. 19:18).

2. Por eso no debe extrañarnos la presencia de seres ardientes (los serafines) o de humo en el relato del llamamiento y la visión del profeta Isaías (Is. 6:2, 4). El fuego simboliza la presencia de Dios. Por eso en el altar del templo de Jerusalén siempre había fuego ardiendo, donde se quemaban las ofrendas y los sacrificios a Dios.

3. Este mismo simbolismo se encuentra en el Nuevo Testamento cuando se describe la gloria de Dios en el libro del Apocalipsis. La figura de Jesús se caracteriza por tener «ojos de fuego» (Ap. 1:14 y 19:12); además, a quienes han alcanzado la salvación y llegan ante la presencia divina se les describe como si estuvieran de pie en medio de un mar de cristal mezclado con fuego (Ap. 15:2).

4. Para el cristiano, es posible experimentar este «fuego» de manera personal. Así, la experiencia del encuentro de fe con el

Cristo del camino se caracteriza en el Nuevo Testamento como la experiencia del «corazón ardiente» (Lc. 24:32). Lo que es más, la experiencia en forma directa y constante de la presencia de Dios por medio del bautismo en el Espíritu Santo se describe en el Nuevo Testamento como un bautismo de fuego (Mt. 3:11 y Hch. 2:4).

Resumen: De este modo, vemos que, en la Biblia, el fuego se utiliza como símbolo de la presencia de Dios.

B. En la Biblia, el fuego es símbolo de la santidad de Dios

1. En el relato bíblico que nos sirve como base vemos, además, que el fuego es utilizado para purificar los labios del profeta (Is. 6:6-7). Aquí encontramos otro aspecto del símbolo del fuego en las Escrituras: El fuego representa la santidad de Dios.

2. En primer lugar, el fuego produce luz; una luz que aleja la oscuridad y permite ver con claridad lo que antes estaba oculto. En este sentido, el fuego nos recuerda que para Dios nada se puede esconder. Dios nos conoce en lo íntimo; ante él no hay secretos (Sal. 139). Por eso la Biblia dice que «nada hay encubierto que no haya de ser descubierto; ni oculto que no haya de saberse» (Mt. 10:26). El fuego de la santidad divina es luz que revela todas nuestras culpas.

3. Segundo, como en el caso del profeta Isaías, el fuego es un elemento purificador que quema las impurezas (Is. 6:5-7) y permite que las cosas sean usadas con libertad y las personas se acerquen confiadamente a Dios. Por eso, en la Biblia el fuego es usado para representar la santidad purificadora de Dios; esa santidad que, como el fuego, va quemando en nosotros aquellas actitudes y prácticas que nos alejan de Dios.

4. Por último, esta santidad purificadora de Dios en ocasiones se convierte en juicio divino. Sí, en juicio que castiga la permanencia en el mal; en juicio que castiga el robo, el engaño y la injusticia; en juicio que surge por causa de nuestra propia maldad. Por eso, tanto en el Antiguo (Is. 9:17-18) como en el Nuevo Testamento (vea Mt. 3:10 y Ap. 20:10-15), el fuego es usado para simbolizar el juicio de Dios.

Resumen: Así, vemos que en la Biblia el fuego es símbolo de la santidad de Dios tanto en su aspecto positivo (para purificación) como en su aspecto negativo (para juicio).

IV. Conclusión

Hoy que nos encontramos junto al fuego debemos tener presente el simbolismo de este encuentro. Al reunirnos en torno al fuego, simbólicamente estamos ante el Dios de la vida; el Dios bueno y perdonador que ha prometido ser para nosotros como el fuego, dándonos calor en momentos de flaqueza y luz en momentos de confusión. El fuego que arde esta noche representa la presencia de Dios, quien, por medio de su Santo Espíritu, quiere morar en cada uno de nosotros.

Por sobre todo, y de una manera aun más profunda, al reunirnos junto al fuego también nos acercamos simbólicamente a la santidad divina. Al acercarnos al fuego santo de Dios, primero, nos estamos colocando bajo la luz que hará manifiestas todas nuestras culpas y nuestros pecados. Pero al acercarnos a ese fuego divino también nos estamos poniendo en las manos de Dios para que nos purifique, quemando todas las cosas que, poco a poco, nos han alejado de su voluntad. Al acercarnos al fuego de la santidad debemos recordar que existe la posibilidad de enfrentar el juicio si en vez de aceptar y luchar por la vida que nos da el Señor, preferimos aliarnos a las fuerzas de la muerte manifestando una conducta que no agrade a Dios.

Estamos ante Dios, ante su presencia amorosa y ante su santidad purificadora. Éste es el momento de renovar tu compromiso con Dios, tomando la decisión de vivir al amparo del fuego de su presencia. Éste también es el momento de quemar aquellas cosas que te hacen infeliz, que impiden el pleno disfrute de la vida que Dios te ha regalado.

¿Qué cosas tienes que «quemar» hoy para alcanzar la felicidad que Dios ha puesto al alcance de tu mano? ¿Qué cosas tienes que «quemar» hoy para experimentar el amor de Dios en tu vida?

No quiero terminar sin decirte que al igual que en la Biblia se compara el amor con el fuego: «Las muchas aguas no podrán apagar el amor, ni lo ahogarán los ríos» (Cnt. 8:7), así es el amor de Dios, como un fuego intenso que no puede ser apagado, porque Dios es amor.

Esta noche hay un altar que arde con el fuego de Dios. Coloca tu vida sobre ese altar y deja que arda como un sacrificio. Eso es lo que quería decir el apóstol Pablo cuando escribió en Ro. 12:1:

«Por lo tanto, hermanos, os ruego por las misericordias de Dios que presentéis vuestros cuerpos como sacrificio vivo, santo, agradable a Dios, que es vuestro verdadero culto.»

D. Itinerario

Texto:	Juan 21:15-17
Tema:	La experiencia de conocer a Cristo conduce a la práctica del discipulado cristiano.
Área:	Educación Cristiana
Propósito:	Que la audiencia se sienta llamada al discipulado.
Diseño:	Sermón de ocasión, predicado durante la instalación de la Rvda. Iris I. Lluveras como pastora de la Iglesia Cristiana (Discípulos de Cristo) en Dorado-Pueblo, Puerto Rico.

I. Introducción

Un camino. Sí, eso es la vida. La vida es un camino por el cual transitamos: a veces con alegría, otras con tristeza. Sin embargo, todos hacemos el viaje de la vida. Todos seguimos nuestro itinerario porque no podemos detenernos.

Itinerario. Qué palabra hermosa, ¿verdad? No sé a usted, pero a mí la palabra «itinerario» me evoca un viaje. Un viaje que comienza en algún punto y se detiene en otro, pero que implica un proceso donde hay cambio. Y eso es lo interesante de la vida, que es un camino donde ocurren cambios, un camino con paradas y encrucijadas, con momentos de espera y momentos de desesperanza.

Desesperanza, porque la vida nunca es más triste como cuando les fallamos a las personas que amamos. Cuando comprendemos que nuestra conducta ha sido motivo de llanto, cuando nuestra conducta ha causado dolor, nos llenamos de vergüenza. Sí, nos llenamos de vergüenza y deseamos escapar. Y es que no hay algo tan común al ser humano como el deseo de evitar el dolor. Ya sea que seamos víctimas o victimarios, nuestra primera reacción ante el dolor es la de escapar: no queremos ser heridos, no queremos herir a nadie más.

II. *El discípulo caído*

Es precisamente por eso que la reacción de Pedro ante la muerte y pasión de su maestro es tan comprensible. Pedro había sufrido profundamente el arresto y el injusto juicio de que fue víctima Jesús. Sin embargo, Pedro no era del todo inocente. Después de la cena de despedida, Pedro le había asegurado al Galileo que nunca lo dejaría solo, que estaba dispuesto a dar su vida por él (Jn. 13:37). Incluso durante el evento del arresto, Pedro tuvo la valentía para comenzar una lucha que, seguramente, hubiera perdido. En ese momento Pedro sacó su espada y le cortó la oreja a un hombre llamado Malco, criado del sumo sacerdote (18:10). A la verdad, Pedro parecía estar dispuesto a sufrir el mismo destino que su maestro.

Sin embargo, Jesús nunca tomó tan en serio las palabras de su impetuoso discípulo. En la primera ocasión, Jesús le respondió a Pedro diciendo: «¿De veras estás dispuesto a dar tu vida por mí? Pues te aseguro que antes que cante el gallo, me negarás tres veces» (13:38, VP). La segunda vez, Jesús le dijo a su discípulo que guardara su arma (18:11) porque le era necesario apurar el trago amargo de la cruz.

Aun así, Pedro no conocía los límites de su propio temor y todavía tuvo la osadía de entrar en el patio de la casa del sumo sacerdote. ¡En el mismo patio donde se encontraba la turba que había arrestado a Jesús! Entonces sucedió lo inevitable: la gente empezó a reconocer a Pedro. Primero fue la criada que velaba en la puerta (18:17). Después, lo reconocieron algunos participantes del grupo para-militar (18:25). Finalmente, lo reconoció un familiar del siervo que fue herido durante el arresto (18:26). Y ante las tres preguntas, tres respuestas cobardes: «No lo soy» (18:17, 25, 27).

Sí, Pedro había sufrido el dolor de la pérdida de su maestro, pero a su vez había sido motivo de dolor para su maestro. Pedro había sido herido, pero a su vez había herido. Por eso es que Pedro —aun después de conocer la buena noticia de la Resurrección— se considera descalificado para el ministerio y decide huir, esconderse: volver a la rutina antigua, volver a casa, a la Galilea, volver a la pesca y al mar del que, según él, nunca debió alejarse.

III. El amor restaurador

Sin embargo, Pedro olvidaba que el Señor no tiene los mismos valores rígidos e inflexibles de nosotros los seres humanos. Nuestro Dios sabe perdonar y restaurar. Pedro quizás entendió que al emprender su viaje se alejaba del Dios que lo había llamado, olvidando que Dios conoce nuestro itinerario. Si la vida es un camino, si la vida es un viaje por el tiempo y el ser, entonces Dios es quien mejor conoce nuestro itinerario de viaje, con sus altos y sus encrucijadas, con sus momentos de espera y sus momentos de desesperanza. Por eso, el Cristo resucitado —sabiendo el itinerario de su discípulo— sale en busca de Pedro y lo encuentra en medio del mar (21:1-14). De repente, cuando el discípulo amado reconoce a Jesús, Pedro se echa al agua y llega nadando a la orilla (21:7) donde Jesús ya tenía preparado algo para comer.

Después de comer, ocurre el diálogo que sirve de base a nuestra reflexión. Pero más que diálogo, lo que encontramos es un interrogatorio donde Jesús explora los verdaderos sentimientos que Pedro le tiene. Jesús le hace no una pregunta, sino *la pregunta* que resumía todas las dudas de aquel líder caído de la comunidad cristiana; la misma pregunta que también ustedes y yo tendremos que contestar: «¿Me amas más que éstos?» (21:15).

«¿Me amas?», no es una pregunta fácil de contestar. Se hace difícil, sobre todo, cuando entendemos que la persona que la plantea merece y exige un amor mayor al que le profesamos, al que llevamos por dentro. Por eso Pedro contesta usando un verbo distinto del que usa Jesús. Mientras Jesús le pregunta «¿me amas?» (griego = *agapas me*), Pedro le contesta con otro verbo (griego = *Kurie, filo se*). Aunque ambos verbos se refieren a los sentimientos y al amor, el verbo que usa Jesús denota, comúnmente, el amor que viene de y se dirige hacia Dios; el amor más excelente. Por eso, para hacer una traducción más fiel al texto, las versiones modernas de las Sagradas Escrituras distinguen ambos verbos traduciendo el primero como «amar» y el segundo como «querer». De este modo, Pedro contesta la pregunta de Jesús diciendo lo mismo que usted y yo, alguna vez, hemos dicho con tristeza; lo mismo que usted y yo, también alguna vez, hemos escuchado con más tristeza aun: «No puedo mentirte; yo te quiero, pero no te amo.»

Es entonces que las palabras de Pedro reciben una respuesta sorpresiva. A pesar de la inconsistencia del discípulo, Jesús lo comisiona, asignándole la tarea de pastorear a sus ovejas. La sorpresa, sin embargo, no queda ahí. Jesús vuelve a preguntarle al pescador galileo: «Pedro, ¿me amas?» Y una vez más Pedro responde con toda sinceridad. A pesar de la nueva comisión, ahora Pedro sabe lo que en verdad siente. Atrás quedaron los años de ímpetu, donde la inmadurez lo llevó a creer que para él todo era posible; atrás quedó el tiempo cuando no conocía sus límites: «Señor, tú sabes que te quiero.»

Aquí la sorpresa llega a su punto alto. Jesús vuelve a comisionar a Pedro, insistiendo en su llamamiento pastoral. Pero Jesús escudriña una vez más el corazón de su discípulo cuando la tercera vez, en lugar de usar el verbo griego «agapao», el Resucitado emplea «fileo», el mismo verbo que hasta ese momento solo había usado el pescador: «Pedro, ¿me quieres?»

En ese momento, según el versículo 17, Pedro se entristeció. Imagino que las lágrimas se agolpaban a las puertas de su alma, sabiendo que Jesús descendía a su nivel; sabiendo que Jesús le seguía amando, a pesar de la negación; sabiendo que la pregunta implicaba la aceptación de su amor imperfecto.

Pero, ¿acaso no es esa la esencia del evangelio? ¿Acaso no es esa la esencia de la buena noticia que predicamos? «¿Me quieres?» es la pregunta de un Dios que, conociendo nuestro itinerario de viaje, sabe donde estamos y viene a nuestro encuentro. «¿Me quieres?» es la pregunta que nos permite —a ustedes y a mí— ser discípulos del Señor, pues implica que Dios nos acepta con gozo, a pesar de que sea poco lo que podamos darle.

Por eso Pedro contesta diciendo: «Señor, tú lo sabes todo, tú sabes (muy bien) que te quiero.» Entonces viene el emplazamiento final. Por tercera vez —siguiendo las costumbres legales del mundo antiguo donde los juramentos solemnes se hacían tres veces— Jesús llama a Pedro a ejercer el ministerio pastoral: «Cuida de mis ovejas.»

IV. La misión pendiente

El pasaje que nos ocupa encuentra su punto culminante en una palabra que se encuentra en el versículo 19. Esta palabra resume el encuentro entre el pescador y el maestro. Esta palabra nos deja ver el propósito y el mensaje del texto en una forma sencilla pero contundente. Esa maravillosa palabra que resume el mensaje de esta hermosa porción es un simple mandato: «Sígueme».

Esta palabra deja claro que el viaje de la vida carece de sentido si no lleva a Jesús. El mandato a seguirle nos indica que la experiencia de conocer a Cristo pierde su sentido si no conduce a la práctica del discipulado cristiano.

El viaje por la vida, que cada unos de nosotros hace, tiene un itinerario particular. Cada uno de nosotros tiene una agenda única en la vida. Sin embargo, para que nuestra vida sea fructífera, nuestro itinerario de viaje debe seguir el de Jesús. Queda una misión que cumplir, queda mucho trabajo por hacer. Y es la iglesia formada por seguidores y discípulos de Jesús la que está llamada a realizar la misión pendiente.

Por eso, la comisión de Jesús se dirige no sólo a Pedro, sino a todos nosotros. A pesar de nuestra falta de constancia, ustedes y yo estamos llamados a pastorear a las ovejas de nuestro Señor mientras seguimos su ejemplo a lo largo del camino.

Pero para llevar a cabo esa tarea pastoral, en esta hora es necesario oír la voz del Resucitado que cuestiona nuestro compromiso: «¿Me amas?»

Para llevar a cabo esa tarea pastoral es necesario echar a un lado nuestro itinerario de viaje, para seguir el de Jesús.